Liquiditätsplanung

Thomas Schmidt

Liquiditätsplanung

Das Steuerungstool für zukunftssicheres
unternehmerisches Handeln – ein
Praxisleitfaden

 Springer Gabler

Thomas Schmidt
GmbH & Co KG
TSM Management
Hamburg, Deutschland

ISBN 978-3-658-42387-2   ISBN 978-3-658-42388-9 (eBook)
https://doi.org/10.1007/978-3-658-42388-9

Die Deutsche Nationalbibliothek verzeichnet diese Publikation in der Deutschen Nationalbibliografie; detaillierte bibliografische Daten sind im Internet über https://portal.dnb.de abrufbar.

Planung/Lektorat: Irene Buttkus
Springer Gabler ist ein Imprint der eingetragenen Gesellschaft Springer Fachmedien Wiesbaden GmbH und ist ein Teil von Springer Nature.
Die Anschrift der Gesellschaft ist: Abraham-Lincoln-Str. 46, 65189 Wiesbaden, Germany

Das Papier dieses Produkts ist recyclebar.

Einleitung

Dieses Buch fokussiert auf die Liquiditätsplanung, die die zukunftssichere und wirtschaftliche Fortführung eines Unternehmens und dessen Zahlungsfähigkeit an erste Stelle stellt. Sie ist eine der wichtigsten Aufgaben des Unternehmensmanagements, ist nicht delegierbar und kann bei Missachtung mitunter strafrechtliche Konsequenzen haben. Gerade die inzwischen weiter verschärften gesetzlichen Regelungen haben die Notwendigkeit einer Liquiditätsplanung auf ein noch höheres Level an Aufmerksamkeit im Rahmen der Unternehmensführung gehoben.

Der Liquiditätsplan ist im Planungsuniversum, aufgrund der Zusammenführung von Planungsrechnungen, rechtlichen Vereinbarungen des Debitoren- und Kreditorenmanagements und Prognoseverfahren, einzigartig und sichert bei konsequenter und richtiger Anwendung die Unternehmensexistenz. Historisch ist der Liquiditätsplan immer als „Anhängsel" der Budgetierung und Planung gesehen worden, hat heute aber in einem extrem unsicheren ökonomischen Umfeld, eine überragende Rolle bekommen. Am Ende zählt für die Fortführung eines Unternehmens nur die aktuelle Zahlungsfähigkeit, gepaart mit einem belastbaren Liquiditätsplan für die absehbare Zukunft.

Wichtig ist an dieser Stelle der Hinweis, dass dieses Buch nicht die Themenkreise des Liquiditätsmanagements im Sinne der Schaffung von Liquidität aus dem Vermögen des Unternehmens oder durch externe Quellen behandelt, sondern eine möglichst prognosegenaue Abbildung der zukünftigen Zahlungsströme des laufenden operativen Geschäftsmodells.

Ziel dieses Praxisleitfadens ist es, ein konzeptionell stringentes und gleichzeitig praktisch orientiertes Planungsmodell zu liefern, das mit einer beherrschbaren Toleranz Aufschluss über die Entwicklung der Liquidität des Unternehmens gibt, sowohl für das Management als auch die Finanzverantwortlichen.

Inhaltsverzeichnis

Generelle Einordnung der Liquiditätsplanung

Die Liquiditätsplanung zeichnet sich durch eine einzigartige Charakteristik aus, da sie im Rahmen der finanzwirtschaftlichen Landkarte eine besondere Rolle spielt. Sie ist keine Planungsrechnung, die sich in die bekannten wirtschaftswissenschaftlichen Planungsrechnungen einordnen lässt und zwingt den Ersteller dazu, eine ganz eigene, spezielle Sichtweise auf das wirtschaftliche Geschehen im Unternehmen einzunehmen. Im Kern gilt die alte Kaufmannsregel: „Nur was man im Geldbeutel hat, kann man auch ausgeben". Cash ist die harte Wahrheit der Liquiditätsplanung.

1.1 Definition der Liquiditätsplanung

Der Liquiditätsplan ist die Abbildung sämtlicher zu erwartender Einzahlungen und Auszahlungen innerhalb einer festgelegten Planungsperiode und gehört zur kurz- bis mittelfristigen Finanzplanung. Der Planungshorizont erstreckt sich von einem Tag bis zu zwölf Monaten, sodass noch abschätzbare Eintrittswahrscheinlichkeiten aus den Planungsdaten ableitbar sind.

Aufgabe des Liquiditätsplans ist es, alle Einzahlungen und Auszahlungen zeitgerecht einzuordnen und mögliche Liquiditätsrisiken frühzeitig aufzudecken. Der Liquiditätsplan ist ein typisches Beispiel für eine rollierende Planung, bei der die Pläne fortlaufend aktualisiert und angepasst werden müssen. Die übergeordnete Zielsetzung ist, die jederzeitige Zahlungsfähigkeit sicherzustellen bzw. zu überwachen. Oder auch anschaulich formuliert: Wieviel Geld steht dem Unternehmen in 3 Tagen, 3 Wochen, 3 Monaten, an einem bestimmten Tag zur Verfügung und reicht dieses, um die finanziellen Verpflichtungen zu erfüllen?

T. Schmidt, *Liquiditätsplanung*, https://doi.org/10.1007/978-3-658-42388-9_1

1.2 Abgrenzung zu den finanzwirtschaftlichen Planungen

Grundsätzlich ist es wichtig, die Liquiditätsplanung zu anderen Planungsrechnungen bzw. Begrifflichkeiten abzugrenzen, damit die Grundlagen, die Vorgehensweise und die Zielstellung der Liquiditätsplanung eindeutig beschreibbar sind.

Die **Kapitalflussrechnung** (KFR), eine Nebenrechnung der Finanzbuchhaltung, leitet über

eine indirekte Methode durch eine Rückrechnung der ausgabenrelevanten Erlöse und Aufwände mit der Verknüpfung der Veränderungssalden der Bilanz, die KFR her. Die KFR (oder auch Cash-Flow-Statement genannt) wird in der Regel eher in der Nachbetrachtung verwendet und ist bei großen Unternehmen Bestandteil des Jahres- bzw. Konzernabschlusses.

Allerdings bieten moderne Enterprise-Ressource-Planning (ERP) Systeme die Möglichkeit, beim Vorliegen einer im ERP integrierten Planung, mittels eines rechnerischen monatlichen Abschlusses eine KFR für die kommenden Planmonate zur erstellen. Diese kann auf Monatsbasis eine Grundlage zur Indikation eines grundsätzlichen finanziellen Handlungsbedarfs bilden, stellt aber aufgrund der indirekten Methode und der fehlenden Terminierungsparameter von Ein- und Auszahlungen keine Liquiditätsplanung im definierten Sinne dar.

Die **Finanzplanung** oder **Cash-Flow-Planung** stellt, aufgrund der operativen Planung

als Datenbasis, eine Planungsrechnung dar, die deutlich spezifischer als die KFR die Finanzierungsanforderungen induziert. Die folgende Gegenüberstellung verdeutlicht die bestehenden Unterschiede zwischen einer Finanzplanung und der Liquiditätsplanung.

	Finanzplanung Cashflow-Plan	Liquiditätsplanung
Ziel der Ermittlung	Finanzierungsbedarf/-überschuss	Verfügbare liquide Mittel
Gegenüberstellung	Zeitlich kategorisierte Erlöse und Aufwendungen	Ein- und Auszahlungen
Objekt der Planung	Unternehmen	Konten
Häufigkeit der Erstellung	1x pro Jahr	Einmal, dann rollierend
Betrachteter Zeitraum	Jahr – Monat	Tag – Woche – Monat
Terminierung	Leistungszeitraum	Zahlungstermin
Netto/Brutto	Netto	Brutto
Steuern	Einkommen/Ertrag	Alle Arten von Steuern insbesondere USt

Noch deutlicher wird der Unterscheid bei der Betrachtung der Datenbasis beider Planungen. Die Finanzplanung verwendet die operative Planung für das Jahr (Budget), während die Liquiditätsplanung Bankkonten, Finanzbuchhaltung, operative Planung, operatives Management und Prognoseverfahren kombiniert.

Bedeutung der Liquiditätsplanung 2

Die Liquiditätsplanung erscheint immer wieder als eine Planung, die vom Unternehmensmanagement stiefmütterlich behandelt wird – Renditeplanungen stehen oftmals im Vordergrund, da der Unternehmenserfolg gleichlautend mit einem Managementerfolg gesehen wird. Dabei gilt „Liquidität vor Rentabilität" als wichtigster kaufmännischer Grundsatz, da die Sicherung der Liquidität die vordringlichste Aufgabe des Managements ist.

Eine ausreichende Liquidität ist zum einen eine gesetzlich maßgebliche Anforderung und wird zum anderen durch Gesellschafter bzw. Anteilseigner und Kreditgeber (Finanziers) gefordert.

2.1 Gesetzliche Anforderungen

Für jede Unternehmensform gilt die grundsätzliche Anforderung an den/die Geschäftsleiter, die Liquidität und damit den Fortbestand des Unternehmens zu sichern, sowie die Befriedigung aller ausstehenden Verbindlichkeiten (Gläubigerschutz) zu gewährleisten.

T. Schmidt, *Liquiditätsplanung*, https://doi.org/10.1007/978-3-658-42388-9_2

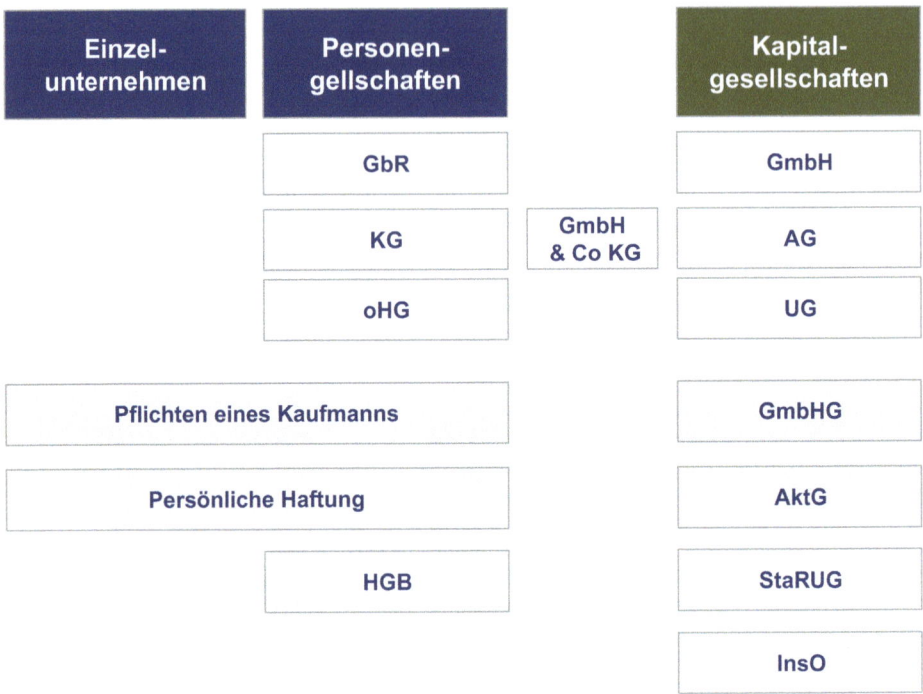

Auf Seiten des Einzelunternehmens bzw. der Personengesellschaften sind die gesetzlichen Regelungen nicht explizit definiert worden, da die persönliche Haftung der Geschäftsleiter den Gläubigern ausreichend Sicherheit geben sollte. Für den Unternehmer an sich ist die persönliche Haftung ein essenzielles Risiko, was ihm Antrieb genug sein sollte, die Liquidität immer und zu jedem Zeitpunkt sicher zu stellen und mit Hilfe einer Liquiditätsplanung zu überwachen.

Für Kapitalgesellschaften hat der Gesetzgeber die Auflagen mannigfaltig definiert und zum 1. Januar 2021 mit dem „Gesetz über den Stabilisierungs- und Restrukturierungsrahmen für Unternehmen" kurz StaRUG nochmals verschärft. In § 1 ist die Pflicht für Unternehmensleiter zur Krisenfrüherkennung und Krisenmanagement neu installiert worden. Diese Pflicht gilt immer, auch wenn das Unternehmen kein Sanierungsfall ist. Sie trifft alle Geschäftsleiter von Kapitalgesellschaften (z. B. den Vorstand einer AG und den Geschäftsführer einer GmbH) und kapitalistischer Personengesellschaften (z. B. den Geschäftsführer des Komplementärs bei einer GmbH & Co. KG). Die Geschäftsleiter haben danach fortlaufend alle Entwicklungen zu überwachen, welche den Fortbestand des Unternehmens gefährden können. Erkennen sie solche kritischen Entwicklungen, haben sie geeignete Gegenmaßnahmen zu ergreifen und ihren Überwachungsorganen, z. B. bei der GmbH der Gesellschafterversammlung, unverzüglich Bericht zu erstatten. Die Pflicht zu Krisenfrüherkennung und Krisenmanagement gilt zusätzlich zu den sonstigen Pflichten der Geschäftsleiter. Die Idee des Gesetzgebers ist es, dass durch die neu im Gesetz installierte Pflicht zur Krisenfrüherkennung und zum Krisenmanagement Insolvenzen vermieden werden können.

In einer wirtschaftlichen Krise, insbesondere einer „Liquiditätskrise", sieht sich der Geschäftsleiter einer Kapitalgesellschaft mit dem schwerwiegenden Problem konfrontiert, dass die ihm zur Verfügung stehenden liquiden Mittel möglicherweise nicht mehr zur Begleichung laufender Verbindlichkeiten ausreichen. Im Falle dieser drohenden Insolvenz wandeln sich die Regelungen von einem „sollte" in ein „muss", d. h. der Geschäftsleiter muss eine Liquiditätsvorausschau aufstellen und damit nachweisen, dass keine Zahlungsunfähigkeit vorliegt und eine überwiegend wahrscheinliche positive Fortführungsprognose gegeben ist.

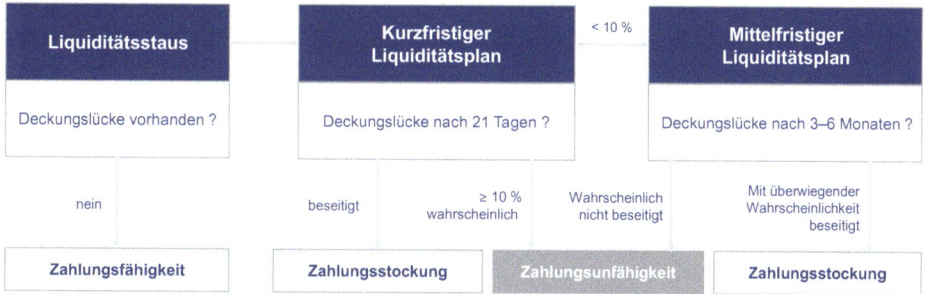

Tut er das im Falle einer eintretenden Zahlungsunfähigkeit nicht und das Unternehmen muss Insolvenz anmelden, so ist er persönlich, aufgrund des Tatbestandes einer dann vorliegenden Insolvenzverschleppung, zum einen für die entstandenen Schäden haftbar und zum anderen kann er sich gemäß § 266a Strafgesetzbuch (StGB) strafbar machen, wenn er Beiträge nicht an die zuständigen Sozialversicherungsträger abführt. Allein deshalb muss der Geschäftsleiter immer versuchen, zumindest diese Beiträge zu zahlen. Ansonsten droht ihm zusätzlich die Gefahr, dass er diese Beiträge persönlich zahlen muss, denn die zuständige Krankenkasse kann den Geschäftsleiter persönlich in Anspruch nehmen und ihm gegenüber eine Schadensersatzforderung geltend machen (§ 266a StGB i. V. m. § 823 Abs. 2 BGB). Ähnliches gilt im Hinblick auf die fälligen Steuerverpflichtungen. Dabei droht ganz besonders bei der Nichtzahlung von Lohnsteuern, jedoch auch bei der Nichtzahlung von Umsatz-, Körperschafts- oder Gewerbesteuern, die persönliche Haftung des Geschäftsleiters (§§ 34, 69 Abgabenordnung AO).

Sollte eine Insolvenz angemeldet werden müssen, so ist die Liquiditätsplanung (oder auch von den Gerichten häufig Finanzplanung genannt), das zentrale Element der unternehmerischen Steuerung durch den Sachwalter oder den Insolvenzverwalter. Wenn auf Basis des Insolvenzplanes die korrespondierende Liquiditäts- bzw. Finanzplanung für die kommenden 3 Monate positiv ausfällt, kann das Verfahren eingestellt werden.

2.2   Anforderungen der Finanziers

Sowohl Eigen-, als auch Fremdkapitalgeber, haben ein nachdrückliches Interesse an der Sicherstellung der Zahlungsfähigkeit der finanzierten Kapitalgesellschaft. Deshalb ist die Geschäftsleitung immer verpflichtet, darüber kontinuierlich zu berichten und mit Hilfe eines Risiko- und Frühwarnsystems mögliche Gefahren frühzeitig zu kommunizieren, um entsprechende Kapitalmaßnahmen einzuleiten. Einen Umstand, den auch der Gesetzgeber entsprechend vorgegeben und die Geschäftsleitung dazu gesetzlich verpflichtet hat.

Es obliegt damit der Geschäftsleitung eine Liquiditätsplanung als permanentes Steuerungs- und Überwachungssystem zu installieren.

Bausteine der Liquiditätsplanung

Der Liquiditätsplan verknüpft die kurzfristigen finanzwirtschaftlichen Planungsrechnungen, die Finanzbuchhaltung, das operative Management sowie mathematische Prognoseverfahren zur Ableitung von zeitlichen Eintrittswahrscheinlichkeiten der Zahlungsströme.

Liquiditätsplanung

Finanzbuch-haltung	Operative Planung	Operatives Management	Prognose-verfahren
Erlös-/ Aufwandskonten	GuV-Planung	Planungen	Zeitreihen
Bilanzkonten	Investitionsplanung	Terminierungen	Eintrittswahr-scheinlichkeiten
Kreditoren Management	Finanzplanung	Konditionen/ Verträge	
Debitoren Management	Bilanzplanung		
Finanzwirtschaftliche Ist-Abrechnung	Finanzwirtschaftliche Planungsrechnung	Unternehmens-management	Mathematische Methoden

Die Darstellung macht deutlich, dass die Liquiditätsplanung als eine wesentliche Grundlage die operative Planung nutzt, darüber hinaus aber auch die gebuchten Ist-Werte, die Inputs des operativen Managements und mathematische Methoden verwendet.

T. Schmidt, *Liquiditätsplanung*, https://doi.org/10.1007/978-3-658-42388-9_3

3.1   Finanzbuchhaltung

Mit der Abbildung der vorgefallenen Geschäftsvorfälle in der Finanzbuchhaltung wird die Grundlage geschaffen, die historischen Daten wirtschaftlich strukturiert aufzubereiten und damit die Grundlage für die Ermittlung des tatsächlichen wirtschaftlichen Erfolgs zu schaffen. Alle finanzwirtschaftlichen Zusammenhänge sind dokumentiert und können als Ausgangspunkt für die Ableitung von zukünftigen Geschäftsvorfällen genutzt werden. Wichtig ist dabei, dass der tatsächliche Anfall der Einnahmen und Ausgaben terminiert vorliegt und aus der Debitoren- und Kreditorenbuchhaltung zukünftige (meist eher kurzfristige) Zahlungsverpflichtungen abgeleitet werden können. An dieser Stelle ist zu bedenken, dass es sich aber immer nur um bereits dokumentierte zukünftige Ein- und Auszahlungen handelt, denn ohne Beleg erfolgt keine Dokumentation. Des Weiteren können aus den hinterlegten Zahlungsbedingungen (sowohl debitorisch als auch kreditorisch), die kurzfristigen anstehenden Ein- und Auszahlungsverpflichtungen termingerecht abgeleitet werden. Systemisch erstellte Zahlungsläufe sind für die kommenden 2 bis 3 Wochen hilfreich, spiegeln aber nicht die zeitlich weiter vorausschauenden anfallenden Ein- und Auszahlungen wider.

Als Aufsetzpunkt einer Liquiditätsplanung sind die Bilanzkonten von entscheidender Bedeutung. Wichtigste Größe ist der Aufsetzpunkt der Liquiditätsplanung mit dem aktuellen Stand der liquiden Mittel. Das Anlage- und Umlaufvermögen und die Passivseite, mit den unternehmerischen Verbindlichkeiten, sind für die Wandlungsprognosen dieser Bestandsgrößen in Ein- und Auszahlungen maßgebliche Grundlagen.

3.2   Operative Planung

Die operative Planung mit dem Jahresplan/Budget bildet die betriebswirtschaftliche Grundlage für die Abbildung der erwarteten wirtschaftlichen Entwicklung des Unternehmens auf Monatsbasis. Für die Entwicklung des Budgets sind, unter der Führung des Finanzverantwortlichen, die Erwartungen und Zielsetzungen aller Organisationseinheiten zusammengeflossen und mit der Geschäftsführung kalibriert worden. Nach der Verabschiedung des Budgets durch die verantwortlichen Gremien, bildet es den Handlungsrahmen der kommenden 12 Monate ab.

Operative Planung

GuV-Planung

Investitionsplan

Finanzplanung

Bilanzplanung

Der Schwerpunkt dieser Planung liegt häufig auf der Gewinn- und Verlustrechnung (GuV-Planung) mit den Umsatz- und Kostenabschätzungen für das kommende Geschäftsjahr, da diese den wirtschaftlichen Erfolg des Unternehmens repräsentiert. Daneben hat der Investitionsplan einen ebenso hohen Stellenwert, da darüber die Weiterentwicklung der Unternehmensinfrastruktur determiniert wird. Die geplanten Investitionen spielen eine zentrale

Rolle für die Finanzplanung, da es sich in der Regel um signifikante Auszahlungsbeträge handelt, die unabhängig vom operativen Geschäftsverlauf zeitlich unstet anfallen.

Als nächsten planerischen finanzwirtschaftlichen Baustein gibt die Finanzplanung Auskunft über die Quelle(n) der Finanzierung. Das heißt auf Basis der integrierten Cashflow-Planung wird deutlich, ob und wann Finanzierungsbedarf besteht bzw. Finanzierungsrückführungen in den entsprechenden Monaten möglich sind. Abschließend leitet sich die Bilanzplanung aus den anderen Planungselementen ab und bildet den Abschluss der operativen finanzwirtschaftlichen Planung. Inwieweit diese auf monatlicher Basis erstellt, wird hängt von den Vorgaben des Managements bzw. der Anteilseigner oder finanzierenden Banken ab, und dem ggf. verwendeten Planungssystem, das eine Planbilanz automatisiert erstellen kann.

3.3   Operatives Management

Das operative Management verfügt über entscheidendes Wissen bezüglich der kommenden finanziellen Verpflichtungen bzw. eingehenden Finanzströme.

Der Vertrieb hat relativ konkretes Wissen über die zukünftig zu erwartenden Umsätze mit den Kunden oder am Point of Sales (POS). Insbesondere monatliche Verschiebungen oder Veränderungen der Planzahlen sollten bekannt und abschätzbar sein. Dasselbe gilt für vereinbarte Veränderungen von Konditionen, Zahlungsbedingungen oder Preisen.

Aus dem Einkauf und der Logistik lassen sich die Zahlungsverpflichtungen für die kommenden Monate, aufgrund der bestellten und geplanten An- und Auslieferungen, gesichert ableiten. Im Zusammenspiel mit den Zahlungskonditionen ergibt sich daraus für die kommenden 3–4 Wochen ein sehr konkretes Bild für die Liquiditätsplanung.

Der Bereich der Produktion verfügt über eine vorausschauende Mengenplanung der kommenden Monate, was damit den Verbrauch/Einkauf von Herstellungsmaterialen bestimmt, sowie den Einsatz von personellen Ressourcen.

Ausgehend von der Investitionsplanung, führen die operativ Projektverantwortlichen in der Regel eine rollierende Planung über den Realisierungsfortschritt durch, woraus sich die entstehenden Fälligkeiten von korrespondierenden Zahlungsverpflichtungen ableiten lassen.

3.4   Prognoseverfahren

Auch wenn sich aus den drei bereits beschriebenen Bausteinen der Liquiditätsplanung bereits konkrete und gute abgeschätzte Zahlungsströme ableiten lassen, verbessert die Anwendung von mathematischen Prognoseverfahren die Abschätzung des Eintrittes von Ein- und Auszahlungen nachhaltig. Insbesondere bei Unternehmen mit stetig wiederkehrenden Geschäftsvorfällen lässt sich mit Hilfe dieser Verfahren die zukünftige Eintrittswahrscheinlichkeit von Zahlungsströmen, dem Zeitpunkt und der Höhe nach, nachhaltig verbessern.

Beispielhaft sein an dieser Stelle die Ableitung der Umsatzkurve für ein Consumer Goods Unternehmen genannt. Unter der Bedingung von einem konstanten Netz an Vertriebspunkten, können aus den tatsächlichen Umsätzen der letzten Jahre Umsatzkurven abgeleitet werden, die die Grundlage für die Herleitung der Einzahlungen aus Verkäufen bilden. Noch genauer wird diese Prognose, wenn die historischen Einzahlungen die Grundlage der Verteilungskurve bilden, da diese für die Liquiditätsplanung auf Tages- oder Wochenbasis valider ist.

Zusammenfassend handelt es sich bei den anzuwendenden mathematischen Verfahren in der Regel um Verfahren zur Ableitung einer zeitlichen Verteilungskurve oder der Herleitung von Eintrittszeitpunkten.

Liquiditätsplanung 4

Nach der Einordnung der Liquiditätsplanung in das planerische Umfeld und die grundsätzliche Verwendung von Datenquellen, gilt es im nächsten Schritt eine Liquiditätsplanung inhaltlich aufzubauen und mit Daten zu füllen.

4.1 Grundsätze einer Liquiditätsplanung

Für den Aufbau einer Liquiditätsplanung gelten die im Folgenden beschriebenen folgende Grundsätze.

4.1.1 Sichtweise als Wallet-Planung

Die alles entscheidende Sichtweise der Liquiditätsplanung ist das Verständnis, dass die Liquiditätsplanung als Abbild des Wallet eines Unternehmens zu sehen ist. Es zählt in allen Dimensionen immer nur die Fragestellung: „Wann und in welcher Höhe werden aktuelle oder erwartete zukünftige Geschäftsvorfälle monetär wirksam?".

© Der/die Autor(en), exklusiv lizenziert an Springer Fachmedien Wiesbaden
GmbH, ein Teil von Springer Nature 2023
T. Schmidt, *Liquiditätsplanung*, https://doi.org/10.1007/978-3-658-42388-9_4

Am Ende muss die Liquiditätsplanung immer zu einem permanenten positiven Cashbestand führen, da ansonsten der Tatbestand der Zahlungsunfähigkeit greifen würde.

4.1.2 Verwendung von Brutto-Werten

Im Gegensatz zu allen anderen Planungsrechnungen muss die Liquiditätsplanung, da ihr Ziel eine Abbildung der zukünftigen Zahlungsströme – also der Ein- und Auszahlungen – ist, immer auf Bruttowerten basieren. Daraus ergibt sich zwangsläufig die Notwendigkeit, eine Berechnung und Abschätzung der zu zahlenden oder zu erhaltenden Umsatzsteuer vorzunehmen (siehe dazu Abschn. 6.3.1).

4.1.3 Kalendarischer Fokus statt Monatssichtweise

Einer der wichtigsten Grundsätze ist die kalendarische Sichtweise auf alle Geschäftsvorfälle, was bedeutet, dass alle Ein- und Auszahlungen auf Basis eines Kalendertages zu planen sind. Nur dann ist es möglich, sowohl eine Sicht nach Kalenderwochen als auch nach Monaten zu generieren. Versuche nur auf Wochenbasis zu planen sind zum Scheitern verurteilt, da dann zum Monatsultimo, aufgrund der Wochensicht ohne Tagesdatum, kein Liquiditätsbestand ermittelt werden kann, was aber eine unbedingte Anforderung an eine Liquiditätsplanung ist. Es muss der Kanon Tag – Woche – Monat mit den jeweiligen Cashbeständen zum Stichtag sichtbar sein.

Des Weiteren gilt die Maxime, jeden Tag zahlungsfähig zu sein. Konkret heißt dies, dass auf Monatsbasis und auf Wochenbasis die Liquidität positiv sein kann, aber an einem konkreten Tag können Zahlungen aufgrund von fehlenden finanziellen Mitteln nicht ausgeführt werden – dann wäre eine Zahlungsunfähigkeit gegeben. Aus der Sicht des Liquiditätsmanagements ist es notwendig auf Tagesbasis zu agieren, da im Falle eines Liquiditätsengpasses „auf Sicht gefahren" werden muss. Das heißt, die Zahlläufe jeden Tages müssen gegen die Liquidität gespiegelt und eine mögliche Verschiebung von Zahlungen auf die nächsten Kalendertage geprüft werden. Dies gilt insbesondere, wenn wertmäßig große Einzahlungen ausstehen und nur auf Basis deren Monetarisierung offene Zahlungen geleistet werden können.

4.1.4   Rollierende Flussrechnung statt Zeitpunktbetrachtung

Die Liquiditätsplanung ist ihrem Wesen nach eine permanente und rollierende Aufgabe, um die tägliche Zahlungsfähigkeit sicher zu stellen. Deshalb muss mindestens einmal in der Kalenderwoche eine Aktualisierung der vergangenen Tage erfolgen und eine Planung für die kommenden Tage vorgenommen werden. Bei einer stringent strukturierten Liquiditätsplanung sind die erwarteten Ein- und Auszahlungen auf Basis der Liquiditätsplanungen bereits der Höhe und dem Zeitpunkt nach planerisch determiniert. Die Aktualisierung konkretisiert dann lediglich und ergänzt diese um unvorhersehbare Zahlungsverpflichtungen. Abschließend sollte auch eine Aktualisierung der mittelfristigen Erwartungen (2 bis 4 Wochen) erfolgen, um den Ausblick für die kommenden 3 Monate möglichst genau zu prognostizieren. Nur so können Zahlungsengpässe frühzeitig erkannt werden und entsprechende Maßnahmen ergriffen werden.

4.2   Grundsätzliche Struktur einer Liquiditätsplanung

Die Liquiditätsplanung ist eine Methode der direkten Ermittlung einer Mittelflussrechnung und folgt in ihrem grundsätzlichen Aufbau der KFR bzw. Cashflow-Rechnung.

Daraus ergibt sich die folgende Grundstruktur, die sich aus den verschiedenen Cashflows bzw. Zahlungsströmen zusammensetzt.

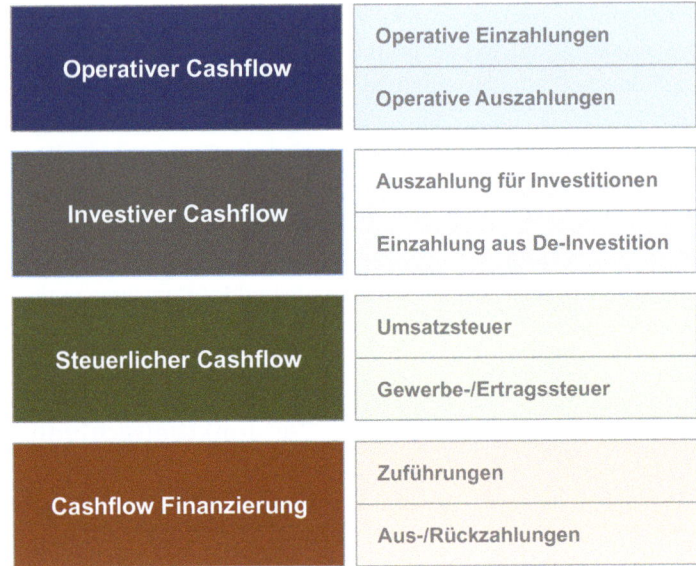

Der Cashflow aus operativer Tätigkeit stellt die operativen Einnahmen und Ausgaben gegenüber, im Wesentlichen im Schema einer GuV. Der investive Cashflow spiegelt die Investitionstätigkeiten wider, der steuerliche Cashflow Verpflichtungen gegenüber dem Finanzamt und der Cashflow aus Finanzierungen die Finanzierungsplanung.

Die im Folgenden dargestellten Cashflows können als erste Blaupause für den Aufbau einer Liquiditätsplanung genutzt werden, um diese dann unternehmensspezifisch anzupassen.

Die jeweiligen Cashflows müssen je nach Branche und Sektor, in dem ein Unternehmen tätig ist, differenziert werden (siehe dazu Kap. 5). Dabei ist es wichtig, die jeweiligen Cashflows genau zu definieren, um die Zuordnungen der Zahlungsströme eindeutig vornehmen zu können.

Der **operative Cashflow** stellt die operativen Einnahmen und Ausgaben gegenüber, im Wesentlichen im Schema einer Gewinn- und Verlustrechnung (GuV) oder auch einer betriebswirtschaftlichen Auswertung (BWA).

Operativer Cashflow	Operative Einzahlungen
	Umsatz
	Sonstige Erlöse

Operative Auszahlungen
Ware/Material
Personal
Lager/Logistik
Raum
Reise/Kfz
IT/Kommunikation
Versicherung/Beiträge
Beratung
Verwaltung
Sonstiges

Der operative Cashflow ist das Herzstück der Liquiditätsplanung, da durch die unternehmerische Tätigkeit die wesentliche Wertschöpfung und damit Liquidität geschaffen wird. Die dargestellten Elemente sind weder ausschließlich noch als zwingend anzusehen, sondern spiegeln eine Standardstruktur wider. Bei dem Aufbau einer Liquiditätsplanung ist darauf zu achten, nur Elemente zu definieren, die auch eine entsprechende Wertigkeit im Sinne ihres monetären Umfanges auf die Liquidität haben. Es gilt also: da zusammenfassen, wo möglich, und da zu detaillieren, wo nötig. Bis auf die Kfz-Steuer (als Teil der Kfz-Kosten) sollten alle steuerlichen und finanzierungsrelevanten Zahlungskategorie außen vor Bleiben – es ist nicht das Ziel eine GuV oder BWA nachzubilden.

Beim **investiven Cashflow** liegt der Schwerpunkt auf den Auszahlungen, die die Investitionen nach sich ziehen.

Investiver Cashflow	Auszahlung für Investitionen
	Investitionen Software
	Investitionen Sachanlagen

	Einzahlung aus De-Investition
	Verkauf von Anlagegütern

Die möglichst der Höhe und dem Zeitpunkt nach akkurate Berücksichtigung der Investitionsauszahlungen ist zwingend notwendig, da es sich in der Regel um signifikante Größenordnungen handelt, die einen nachhaltigen Effekt auf die Liquidität haben.

Für den **steuerlichen Cashflow** ist keine weitere Detaillierung nötig, da die beiden dargestellten Kategorien „Umsatzsteuer" und „Gewerbe-/Ertragssteuern" eineindeutig in ihrer Definition sind. Der wichtigsten Punkt bei der Modellierung dieses Cashflows ist die Beachtung der vorgegebenen Zeitpunkte der Fälligkeit der Zahlungen. Diese sind nicht veränderbar und die Liquidität immer muss ausreichen, um diese Zahlungen zeitrecht leisten zu können.

Damit zum letzten Element der Cashflow-Struktur, der **Cashflow-Finanzierung**. Hier werden alle Geschäftsvorfälle subsummiert, die eine externe Zuführung oder einen Abfluss an externe Finanzierungsgeber darstellen.

Cashflow Finanzierung	Zuführungen
	Eigenkapital
	Kredite/Darlehen
	Förderungen

	Aus-/Rückzahlungen
	Entnahmen/Ausschüttungen
	Zinsen
	Tilgung
	Rückzahlung Förderungen

Im Gegensatz zu GuV oder BWA sind die Zinsen dieser Kategorie zugeordnet, da sie in einem unmittelbaren Zusammenhang mit der Finanzierung stehen und nicht durch die operative Tätigkeit induziert sind, sondern auf den jeweiligen Ständen der externen Finanzierungsquellen basieren. Förderungen haben einen eigenen Charakter und müssen im Rahmen der Liquiditätsplanung jeweils gesondert betrachtet und geplant werden. Dazu sind die Bedingungen und Regelungen der Förderung mit dem operativen Management abzustimmen und zu integrieren.

Zusammenfassend lässt sich die Liquiditätsplanung als Flussrechnung damit wie folgt darstellen:

Liquiditätsplanung
Anfangsbestand liquide Mittel
± Operative Zahlungsströme
± Investive Zahlungsströme
± Steuerliche Zahlungsströme
± Finanzierungsströme
Endbestand liquide Mittel

Branchenspezifische Strukturierung und Aufbau

5

Die bis hierher erfolgte Einordnung und Strukturierung der Liquiditätsplanung hat die Grundlagen und Grundsätze geklärt und definiert, verbleibt aber damit zwangsläufig auf einen generalistischen Niveau. Für die Entwicklung einer Liquiditätsplanung in der Praxis ist es wichtig, die Frage nach dem Planungsvorgehen zu beantworten.

Und an dieser Stelle ist es unabdingbar, die Anwendungsmethodik weiter zu spezifizieren, da signifikante Unterschiede zwischen den Sektoren und Branchen beim operativen Cashflow bestehen. Ein reiner Einzelhändler hat im Vergleich zu einem produzierenden Unternehmen deutlich andere Liquiditätscharakteristiken. Während der Einzelhändler z. B. relativ unmittelbar die Einnahmenseite herleiten kann, muss der Produzent deutlich mehr Aufwand betreiben und andere Planungsgrundlagen nutzen, um die Einnahmenseite zu prognostizieren.

Im ersten Schritt erfolgt deshalb die Definition von Sektoren und Branchen, nach denen im zweiten Schritt die einzelnen Elemente der Liquiditätsplanung des operativen Cashflows mit den Planungsgrundlagen und Methodiken verknüpft werden.

Der Planer kann nach der Sektor-Branche Kategorisierung seines Unternehmens, die entsprechenden Liquiditätsmerkmale identifizieren und analysieren. Im nächsten Schritt erfolgt durch die weitere Klassifizierung der Liquiditätsbausteine in Bezug auf die jeweilig relevanten Planungselemente eine vertiefende Darstellung, in welcher Mechanik die operativen Einnahmen und Ausgaben geplant werden sollten.

T. Schmidt, *Liquiditätsplanung*, https://doi.org/10.1007/978-3-658-42388-9_5

Durch diese systematische Struktur ersteht für den Planer ein Baukasten, durch den er sich zügig zu seinen relevanten Planungselementen und deren Planungsmechanik navigieren kann.

5.1 Sektoren- und Branchenstruktur

In Anlehnung an die volkswirtschaftliche Definition von Wirtschaftssektoren erfolgt eine Einteilung der Unternehmen in folgende 3 Bereiche:

- Handel
- Produktion
- Dienstleistung

Im Folgenden werden diese Sektoren definiert und in einzelne Branchen spezifiziert.

5.1.1 Handel

Für die Liquiditätsplanung ist der Sektor Handel definiert als funktioneller Handel, d. h. die zugeordneten Branchen setzen Güter, die sie von anderen Marktteilnehmern beschaffen und i. d. R. nicht selbst be- oder verarbeiten (Handelswaren; Manipulationen wie z. B. Sortieren, Mischen, Abpacken gelten dabei nicht als Be- oder Verarbeitung), an Dritte ab.

Daraus abgeleitet sind für die Liquiditätsplanung folgende Elemente von besonderer Bedeutung:

- Einnahmen als Monetarisierung des Absatzes
- Beschaffungsausgaben zum Erwerb der Handelsware
- Strukturkosten der Absatzorganisation

Diese grundsätzlichen Feststellungen gelten für alle Branchen in diesem Sektor, die aber jeweils differenzierte Liquiditätsmerkmale aufweisen.

Insbesondere für die Einnahmenseite erfolgt eine Strukturierung des Handels in unterschiedliche Branchen.

Beim **Einzelhandel** handelt es sich um den klassischen Verkauf der Ware in Verkaufsräumen an den Endkunden. Durch die nahezu unmittelbare Monetarisierung sind die Einnahmen umgehend verfügbar und fließen werkstägig. Ein zu beachtender Zeitversatz entsteht durch die Abwicklung der Kartenzahlungen, die über einen Payment Provider (Zahlungsabwickler) erst nach 2 bis 3 Tagen dem Unternehmen tatsächlich zufließen. Demgegenüber bilden die Warenbeschaffungskosten, die Verkaufsstruktur (Mieten, Personal, Werbung) und Lager-/Logistik die wesentlichen Ausgabenströme ab.

Im **eCommerce** – dem Verkauf der Ware über einen digitalen Shop an den Endkunden – verzögert sich die Monetarisierung der Einnahmen durch Zielkäufe und durch die Abwicklung von Kartenzahlungen über einen Payment Provider, während die Ausgaben für die Verkaufsstruktur, bis auf die Werbeaufwendungen, durch die Aufwendungen für den Shopbetrieb ersetzt werden. Lager- und Logistik bekommen durch den Absatzprozess der Versendung einen deutlich höheren Anteil an den Ausgaben.

Demgegenüber hat der **Großhandel** – der Verkauf der Ware in großen Mengen an Geschäftskunden (B2B) – grundsätzlich andere Mechanismen. Die Einnahmenseite wandelt sich zum nahezu kompletten Zielkauf und auf der Ausgabenseite dominieren die Ausgaben für Warenbeschaffung und Lager-/Logistik. Zu einem gewissen Teil führen auch die Verkaufsstrukturen zu entsprechenden Ausgaben.

Betrachtet man den Sektor und seine Branchen aus Sicht der Liquiditätsplanung ergeben sich folgende Grundsätzlichkeiten für die **Einnahmenseite**:

Sektor	Branche	Medium	Abwicklung	Liquidität
Handel	Einzelhandel	Zahlung	Kasse Payment Provider	Direkt Umgehend
	eCommerce	Bezahlung Rechnung auf Ziel	Payment Provider Forderungen	Umgehend
	Großhandel	Rechnung auf Ziel	Forderungen	Zeitversatz

Wichtig ist bei dieser Betrachtungsweise, welchen Einfluss am Ende die Absatzprozesse auf die Liquidität haben. Der Einzelhandel erzielt nahezu direkt die korrespondierenden Einnahmen, während der Großhandel durch das vereinbarte Zahlungsziel erst im Zeitversatz den Absatz monetarisieren kann.

Beim liquiditätsplanerischen Blick auf die Ausgabenseite differenziert sich diese nach dem wesentlichen Aufwandskategorien:

Sektor	Ausgabe	Medium	Abwicklung	Liquidität
Handel	Ware	Rechnung auf Ziel	Fälligkeit	Zeitversatz
	Verkaufsstruktur	Verträge	Monatlich terminiert	Termin
	Lager-/Logistik	Volumenverträge	Abrechnungs- rhythmus	Termin

Die Warenbeschaffung ist die entscheidende Stellgröße im Rahmen der Liquiditätsplanung im Handel. Es sei nochmals darauf hingewiesen, dass es sich um die Fälligkeit der tatsächlichen Wareneinkäufe handelt, nicht um den betriebswirtschaftlichen Wareneinsatz.

Das Warenlager im Handel ist die wesentliche Größe für die Kapital- und damit auch die Liquiditätsbindung.

Die Verkaufsstruktur folgt i. d. R. bestehenden Verträgen mit bekannten Fälligkeiten und Volumina, während Lager-/Logistikausgaben Volumen getrieben sind und meistens nach vereinbarten Abrechnungsrhythmen fällig werden.

5.1.2 Produktion

Unter dem Sektor Produktion sind alle Unternehmen subsummiert, die eine Weiterverarbeitung von Rohstoffen und Grundgütern zu einem handelbaren Gut vornehmen. Der Sektor umfasst das produzierende Gewerbe einer Volkswirtschaft und es wird deshalb auch häufig das Synonym „industrieller Sektor" verwendet. Zu diesem Sektor zählen das verarbeitende Gewerbe, die Industrie, das Handwerk, die Energiewirtschaft, die Energie- und Wasserversorgung. Das Baugewerbe wird zunehmend auch diesem Sektor zugerechnet, aus Sicht der Liquiditätsplanung erfolgt allerdings eine Klassifizierung zum Dienstleistungssektor. Durch den Produktionsprozess mittels des Einsatzes von Investitionsgütern, ist der Sektor Produktion material- und kapitalintensiv.

Eine Aufteilung in Branchen ist in diesem Sektor aus Sicht der Liquiditätsplanung, aufgrund des Charakters der Güter (Vorleistungs-, Investitions-, Gebrauchs- und Verbrauchsgüter) nicht notwendig, sondern es erfolgt vielmehr eine Differenzierung nach der Absatzseite des Sektors:

- Absatz direkt an den Endkunden (B2C)
- Absatz an einen Geschäftskunden (B2B) – Absatzmittler (Großhandel) oder weiterverarbeitendes Unternehmen

Anhand dieser beiden Branchen erfolgt die folgende Klassifizierung nach den Liquiditätsmerkmalen:

Sektor	Branche	Medium	Abwicklung	Liquidität
Produktion	Endkunde (B2C)	Rechnung	Forderungen Payment Provider	Umgehend
	Geschäftskunde (B2B)	Rechnung auf Ziel	Forderungen	Zeitversatz

Beim **Endkunden** gelten die bereits unter den Branchen Einzelhandel und eCommerce (siehe oben) dargestellten Liquiditätsmechaniken. Die Endkundeneinnahmen per Rechnung unterliegen einer schnelleren Wandung in Cash, während die Seite der Geschäftskunden durch Rechnungen auf Ziel sich mit einem Zeitversatz verschieben.

An dieser Stelle muss erwähnt werden, dass in der **B2B** Branche das Thema des Klumpenrisikos, also eine geringe Anzahl an Kunden mit hohem Umsatzanteil, aus Liquiditätssicht eines besonderen Augenmerks bedarf. Besonders deutlich wird dies am Beispiel eines Automobilzulieferers, der nur einen Fahrzeugproduzenten als Kunden hat. Die Liquidität hängt dann zu 100 % an diesem einen Kunden, dessen wirtschaftlicher Performance und Zahlungsmoral.

Auf der Ausgabenseite ist der Unterschied zum Handelssektor signifikant:

Sektor	Ausgabe	Medium	Abwicklung	Liquidität
Produktion	Rohstoff-/Material	Rechnung auf Ziel	Fälligkeit	Zeitversatz
	Bezogene Leistungen	Rechnung auf Ziel	Verbrauchsplanung	Termin
	Personal	Verträge & Stunden	Monatlich terminiert	Termin

Der Rohstoff-/Materialeinkauf – nicht der Verbrauch – ist die wesentliche treibende Kraft der Ausgaben. Es ist die Aufgabe der Liquiditätsplanung, diesen möglichst zeitgenau zu terminierten und zu planen. Grundlage dafür ist zum einen die Produktionsplanung des operativen Managements, zum anderen die Lagerbestände an Roh-/Hilfs- und Betriebsstoffen sowie Halbfertigwaren aus der Finanzbuchhaltung. Ergänzt wird die Prognose um den Stand der Lieferantenverbindlichkeiten.

Ebenso wichtig sind die bezogenen Leistungen (Strom, Gas, Wasser etc.), die neben den Materialkosten einen wesentlichen Kostenfaktor darstellen können. Aufgrund der verbrauchsorientierten Abrechnung ist die Produktionsplanung entscheidend für die Prognose der fälligen Ausgaben.

5.1.3   Dienstleistung

In der volkswirtschaftlichen Gesamtrechnung zählen zum Dienstleistungssektor die Wirtschaftsbereiche Handel, Gastgewerbe und Verkehr, Finanzierung, Vermietung und Unternehmensdienstleister sowie öffentliche und private Dienstleister. Dienstleistung ist eine Tätigkeit, die ein Unternehmen gegen Entgelt für andere ausübt. Im Gegensatz zu den Sektoren Handel und Produktion, handelt es sich bei einer Dienstleistung um ein immaterielles Gut, das allerdings zur Erstellung eines materiellen Gutes führen kann (z. B. Gebäude, Software).

Aus Sicht der Liquiditätsplanung erfolgt eine Aufteilung des Sektors Dienstleistung anhand des Charakters der zu erbringenden Leistung:

• Erbringung einer reinen Dienstleistung
• Erstellung eines Gewerkes durch die Erbringung einer Dienstleitung

Diese Differenzierung hat einen nachhaltigen Einfluss auf die Planung der Einnahmenseite, da die Zahlungszeitpunkte sich deutlich zu unterscheiden.

Ausgehend von dieser Branchendefinition sind die Liquiditätsmerkmale der Einnahmenseite wie folgt:

Sektor	Branche	Medium	Abwicklung	Liquidität
Dienstleistung	Leistung	Rechnung (auf Ziel)	Forderung	Umgehend
	Gewerke	Rechnung Abschlag/Fortschritt	Forderung	Zeitpunkt

Bei der reinen **Leistungserbringung** erfolgt eine Abrechnung der Leistung monatlich i. d. R. auf Basis der zeitlichen Inanspruchnahme der genutzten Dienstleistung mit einer vereinbarten Fälligkeit.

Wird demgegenüber ein **Gewerk** erstellt, sind die Zahlungszeitpunkte abhängig von dem erzielten Fortschritt der Erstellung des Gewerkes. Dabei handelt es sich bis zur Fertigstellung um Abschlagszahlungen mit einer abschließenden Abschlussrechnung. Für die Liquiditätsplanung ist damit die Projektplanung des operativen Managements eine der wesentlichen Datenquellen für die Prognose der Einnahmen. Klassisches Beispiel ist die Softwareerstellung, die Meilensteinen folgt und entsprechend der Erreichung zu Rechnungsstellungen und damit in Folge zu Einnahmen führt.

Sektor	Ausgabe	Medium	Abwicklung	Liquidität
Dienstleistung	Personal	Verträge& Stunden	Monatlich terminiert	Termin
	Technische Hilfsmittel	Rechnung (auf Ziel)	Fälligkeit	Termin
	Material	Rechnung auf Ziel	Fälligkeit	Zeitversatz

Auf der Ausgabenseite dominieren naturgemäß die Ausgaben für Personal, die basierend auf den bestehenden Anstellungsverträgen und möglichen Zusatzvereinbarungen zu prognostizieren sind. Wichtig ist in diesem Zusammenhang, dass jegliche personelle Ressource gemeint ist, d. h. auch extern beschaffte Personalressourcen.

Der Einsatz technischer Hilfsmittel (z. B. Computer, Maschinen etc.) führt zum Erwerb der entsprechenden Gegenstände oder aber zu einer monatlichen Nutzungsgebühr. Somit bedarf es neben der Aufwandsplanung auch die Nutzung der Investitionsplanung als Planungsgrundlage. Im operativen Cashflow sind allerdings nur die Nutzungsentgelte für fremde technische Hilfsmittel zu betrachten.

Für Handwerk und Bauunternehmungen ist die Ausgabengröße Material von großer Bedeutung, da diese in Vorleistung einzukaufen sind. Deshalb muss für diese Kategorie eine
dezidierte Planung erfolgen. Liquiditätsgetrieben sollten, aufgrund der großen Belastung für
das ausführende Unternehmen, Vorauszahlungen auf den Auftrag oder das Material mit dem
Kunden vereinbart werden.

Liquiditätsplanung der Cashflows

Im Folgenden wird die Liquiditätsplanung der einzelnen Cashflows generell oder differenziert nach Branchen detailliert beschrieben. Der Fokus liegt dabei auf den wesentlichen Elementen der jeweiligen Cashflows – weitere Spezifizierungen können nötig sein, sind aber von der jeweiligen Unternehmenssituation abhängig. Zum Beispiel die Definition einer gesonderten Ausgabenkategorie für Zahlungen an einen Lieferanten, der gleichzeitig auch Gesellschafter des Unternehmens ist.

6.1 Branchenbezogene Planung des operativen Cashflows

Nach der Zuordnung des zu planenden Unternehmens in die Branche und den Sektor, erfolgt eine Analyse der Elemente der operativen Einnahmen- und Ausgabenseiten im Zusammenspiel mit den Bausteinen der Liquiditätsplanung.

Für jede der Kategorien werden diese gegen die Planungselemente gemappt und es erfolgt eine Beschreibung des planerischen Zusammenspiels zur Ermittlung der zukünftigen Zahlungsströme.

Aus Vereinfachungsgründen werden die Bausteine wie folgt abgekürzt:

- Finanzbuchhaltung = FIBU
- Operative Planung = OPLA
- Operatives Management = OPMT
- Prognoseverfahren = PRVR

© Der/die Autor(en), exklusiv lizenziert an Springer Fachmedien Wiesbaden GmbH, ein Teil von Springer Nature 2023
T. Schmidt, *Liquiditätsplanung*, https://doi.org/10.1007/978-3-658-42388-9_6

Für jeden dieser Bausteine wird im Mapping die jeweilige Basisgröße der Planung benannt und beschrieben, aber auch das Zusammenspiel dieser, um eine valide Planung aufzustellen.

Zusätzlich wird, nach der Fristigkeit des jeweiligen Planungsgegenstandes, ausgehend vom Planungsdatum differenziert in:

- Aktuell = kommende 4 Wochen
- Kurzfristig = 5. bis 13. Woche
- Mittelfristig = ab der 14. Woche

Für wie viele Wochen die Planung erstellt werden soll hängt von den Vorgaben ab. Generell hat sich ein Planungszeitraum über mindestens 6 Monate bewährt, aber noch besser ist eine Liquiditätsplanung für ein Kalender- oder Geschäftsjahr. Dabei verlieren allerdings die Planwerte des 2. Halbjahres deutlich an Planungssicherheit, sowohl der Höhe nach als auch nach zeitliche Eintrittswahrscheinlichkeit. Für die rollierende Planung ist es demgegenüber von Vorteil, einen längeren Zeitraum zu wählen, um diesen dann kontinuierlich fortzuschreiben und das Modell nicht mehrfach weiter kalendarisch ausbauen zu müssen.

6.1.1 Operativer Cashflow-Handel

Differenziert nach den Branchen des Sektors Handel erfolgt im Folgenden die beschriebene Darstellung des Mappings und der Planungsvorgehensweise.

Im ersten Schritt erfolgt die Ermittlung der operativen Einzahlungen aus dem Umsatz getrennt nach den definierten Branchen.

6.1.1.1 Einzahlungen Handel
Grundsätzlich gilt für die Einnahmenplanung, dass geplante Netto-Umsätze in einen Bruttoumsatz, mittels des anzulegenden Mehrwertsteuersatzes, gewandelt werden.

Einzelhandel
Auf der Einnahmenseite entfällt im Einzelhandel die Differenzierung der Fristigkeit, da der Umsatz sich nahezu direkt in Einnahmen wandelt.

Sektor		Branche			
Handel		Einzelhandel			

Fristigkeit	FIBU	OPLA	OPMT	PRVR
Generell	Tagesverteilung der Einzahlungen	Monatsplanung	Aufteilung Cash-Karte	Prognose auf Basis historischer Tagesverteilung
			Tagesversatz Cash Einzahlung Bank	
			Auskehrrythmus Payment Provider	

Bei der Planung der Einnahmen im Einzelhandel ist die Tagesverteilung der Einnahmen die entscheidende Größe. Es muss demzufolge das Ziel sein, die Monatsplanung des Umsatzes der OPLA in eine tagesbezogene Einnahmenplanung umzuwandeln.

Nachfolgend wird auf Basis der historischen Daten der Tagesverteilung aus der Buchhaltung, mit Hilfe der PRVR, eine generelle Tagesverteilung der Einnahmen ermittelt. Dabei ist unbedingt zu beachten, dass Wochenende und Feiertage korrekt berücksichtigt werden, d. h. die entsprechende kalendarische Verschiebung vom Altjahr zum Planjahr erfolgt.

Im nächsten Schritt ist über das OPMT zu ermitteln, in welchem Verhältnis die möglichen Zahlarten der Kunden (Bar, EC-Karte, Kreditkarte etc.) geplant und dementsprechend die Bruttoumsätze aufzuteilen sind.

Abschließend muss für die Cash-Einnahmen der kalendarische Versatz zwischen getätigtem Kasseneinnahmen und Wertstellung auf dem Bankkonto ermittelt werden. In der Regel handelt es sich um einen Versatz von1 bis 2 Tagen. Nicht zu vergessen ist die zeitliche Verschiebung der Wertstellung durch das Wochenende, d. h. die Cash-Einnahmen des Samstages (und eines möglicherweise Verkaufssonntages) werden frühstens am folgenden Montag summarisch wirksam.

Für die Kartenzahlungen ist der Auskehrrythmus des Payment Providers (Bank, Zahlungsabwickler) anhand der vertraglichen Regelungen und der geübten Praxis zu ermitteln und entsprechend zu berücksichtigten.

Insgesamt bildet sich damit eine Tageseinnahme auf dem Bankkonto, die sich aus Cash-Einnahmen der Vortage und Auskehrbeträgen der Payment Provider zusammensetzt. Summiert man die nach dem jeweiligen Monat, so ist im Vergleich zu OPLA eine signifikante Abweichung festzustellen, die zwangsläufig aufgrund der unterschiedlichen zeitlichen Zuordnung entsteht und nicht zu einer Verunsicherung des Planers führen sollte.

eCommerce

Beim eCommerce ist eine Differenzierung der Fristigkeit in aktuell und kurz-/mittelfristig vornehmen. Die Erwartung der kommenden 4 Wochen (aktuell) ist aufgrund der Ableitung aus der Vergangenheit und der aktuellen Bestellentwicklung konkret zu ermitteln. Demgegenüber sind die kommenden Monate abhängig von der OPLA zu determinieren.

	Sektor	Branche		
	Handel	eCommerce		
Fristigkeit	**FIBU**	**OPLA**	**OPMT**	**PRVR**
Aktuell	Endkunden OP OP-Conversion Ratio Ausfallquote Verträge Offene Posten Auskehr Payment Provider & Marktplätze			Prognose auf Basis historischer OP- Conversion Ratio & Ausfallquote
		Bestellplanung kommende 4 Wochen	Aufteilung Zahlarten	Prognose auf Basis historischem Zahlarten- Mix
			Anteil Rechnungskauf	Prognose auf Basis historischer OP- Conversion Ratio & Ausfallquote
			Auskehrrythmus Payment Provider & Marktplätze	
Kurz- und mittelfristig		Monatsplanung	Aufteilung Zahlarten	Prognose auf Basis historischem Zahlarten- Mix
			Anteil Rechnungskauf	Prognose auf Basis historischer Umsatz- Conversion Ratio & Ausfallquote
			Auskehrrythmus Payment Provider & Marktplätze	

Die kurzfristigen Einnahmen determinieren sich zum einen aus den offenen Posten der Endkunden aufgrund der Bestellungen der letzten 2 bis 4 Wochen (unter der Annahme einer Fälligkeit von 30 Tagen) und aus der konkreten OPLA für den anstehenden Monat.

Zur Ableitung der Einnahmen aus den Endkunden OP (offenen Posten) sind mit Hilfe der historischen Daten aus der FIBU und der PRVR eine zeitliche Conversion Ratio der offenen Posten, sowie eine Ausfallquote auf Kundenforderungen zu ermitteln. Im Zusammenspiel mit den Fälligkeiten der Endkunden OP können daraus die erwarteten Einzahlungen der kommenden 4 Wochen abgeleitet werden. Im nächsten Schritt ist für die zu erwartenden Einnahmen über das OPMT und unter Anwendung der PRVR zu ermitteln, in welchem Verhältnis die Zahlarten der Kunden geplant sind. Dementsprechend sind die geplanten Bruttoumsätze aufzuteilen. Für die ermittelten Rechnungskäufe werden die oben beschriebenen Conversion

Rate und Ausfallquoten angewendet, während für die Käufe über Zahlungsabwickler (Payment Provider, Kreditkartenanbieter, Bank) der Auskehrrythmus dieser Abwicklers anhand der vertraglichen Regelungen und der geübten Praxis angelegt werden muss. Sollte mit einem Payment Provider ein gesicherter Rechnungskauf und die Abtretung der Forderung vereinbart sein, so entfällt die Anwendung der Ausfallquote. Allerdings ist darauf zu achten, dass die entsprechende Gebühr bzw. der einbehaltene Umsatzanteil des Payment Providers zu einer Umsatz- und damit Einnahmenminderung führt.

Im Falle der Nutzung von Online-Marktplätzen gilt ebenso, deren Auskehrrythmus auf Basis der vertraglichen Vereinbarungen und den sofortigen Einbehalten der Gebühr zu berücksichtigen.

Mit Blick auf die kurz- und mittelfristige Planung ist die OPLA die Ausgangsgröße für die Einnahmenplanung. Auf dieser Basis ist unter Anwendung der PRVR zu ermitteln, in welchem Verhältnis die Zahlarten der Kunden geplant und dementsprechend die Bruttoumsätze aufzuteilen sind. Für die weitere Herleitung gelten die oben dargestellten Planungsmechaniken für den zu erwartenden Einnahmenanteil aus zukünftigen Bestellungen.

Großhandel

Auch beim Großhandel ist eine Differenzierung der Fristigkeit in aktuell und kurz-/mittelfristig vornehmen. Die Erwartung der kommenden 4 Wochen (aktuell) ist aufgrund der Ableitung aus der Vergangenheit und des aktuellen Auftragseinganges konkret zu ermitteln. Demgegenüber sind die kommenden Monate abhängig von der OPLA zu determinieren.

Sektor		Branche	
Handel		Großhandel	

Fristigkeit	FIBU	OPLA	OPMT	PRVR
Aktuell	Kreditoren OP nach Fälligkeit OP-Conversion Ratio	geplanter Monatsumsatz als Delta Größe	Akutes Ausfallrisiko Kunden	Prognose auf Basis historischer OP-Conversion Ratio & Ausfallquote
Kurz- und mittelfristig	Umsatz-Cash-Conversion Ratio	Monatsplanung	Anpassung Vertriebsplanung	Prognose auf Basis historischer Umsatz-Conversion Ratio & Ausfallquote
			Änderung Zahlungskonditionen Kunden	
			Vertriebliche Sondereffekte/-aktionen	historische Wirkungseffekte

Ausgehend von den offenen Posten der Kreditoren sind mit Hilfe der historischen Daten aus der FIBU und der PRVR eine zeitliche Conversion Ratio der offenen Posten, sowie eine Ausfallquote dieser zu ermitteln. Über die Fälligkeitskaskade lassen sich dann die erwarteten Einzahlungen ableiten.

Der Abgleich mit der OPLA für den entsprechenden Monat zeigt den noch erwarteten Umsatz für diese Periode. Dieser wird dann ebenfalls über die dargestellte Umwandlungssystematik in aktuelle Einnahmen der kommenden 4 Wochen gewandelt.

Für die Kurz-/Mittelfristplanung ist wieder die OPLA der Ausgangspunkt, der mit dem OPMT auf mögliche Anpassung der Vertriebsplanung oder die Umsetzung von vertrieblichen, nicht geplante Verkauftaktionen, abzugleichen ist. Zusätzlich müssen erwartete Änderungen in der Zahlungskonditionen mit den Kunden abgefragt werden, um diese entsprechend zu berücksichtigen.

In einem weiteren Schritt werden die operativen Einzahlungserlöse aus sonstigen Erlösen ermittelt. Eine Aufteilung nach Branchen ist dabei nicht von Nöten, der der Charakter der sonstigen Erlöse dem Grunde nach in allen Branchen ähnlich ist. Wichtig ist dabei, dass es sich aus Sicht der Liquiditätsplanung um sonstige betriebliche Erlöse handelt, also Einnahmen, die dem betrieblichen Geschehen zuzuschreiben sind.

Es verbleiben als sonstige operative Einzahlungserlöse somit Erlöse, die regelmäßig und kontinuierlich dem Unternehmen zufließen. Diese gilt es aus den Konten er Finanzbuchhaltung herauszufiltern. Beispiele dafür sind: Mieteinnahmen durch Vermietung von Grundstück- oder Gebäudeteilen, Erhalt von Vergütungspauschalen für Dienstleistungen, Einnahmen aus bereits abgeschriebenen oder wertberichtigten Forderungen oder Versicherungsentschädigung.

Andere sonstige Erlöse, wie z. B. Gewinne aus der Veräußerung Gegenständen des Anlagevermögens fallen unter die jeweilige Cashflow-Kategorie, also im Beispiel unter den investiven Cashflow.

Alle reinen finanzbuchhalterischen sonstigen Erlöse, wie

- Auflösung von Rücklagen
- Auflösung oder Herabsetzung von Rückstellungen
- Herabsetzung von Verbindlichkeiten
- Währungsumrechnungen

sind für die Liquiditätsplanung irrelevant, da sie monetär nicht wirksam sind.

6.1.1.2 Auszahlungen Handel

Nach der Ermittlung der operativen Einzahlungen des Handels, erfolgt im zweiten Schritt Ermittlung der operativen Auszahlungen getrennt nach den definierten Branchen.

Allen Handelsbranchen gleich ist dabei die Thematik der Auszahlungen für die Warenbeschaffung und die Ausgaben für Ware bilden die wesentliche Größe. Von daher gilt die im Folgenden dargestellt Systematik für alle Branchen gleichlautend.

Sektor		Ausgabe			
Handel		Ware			

Fristigkeit	FIBU	OPLA	OPMT	PRVR
Aktuell	Debitoren OP nach Fälligkeit			
Kurzfristig	Debitoren OP nach Fälligkeit	geplanter montlicher Beschaffungswert	Anlieferungsmonitor	Prognose Anliefertermine
Mittelfristig	Differenzierte Lagerbestände Konditionen Lieferanten	Monatsplanung Bestellplanung	Abverkaufsplanung	Prognose auf Basis historischer Umsatz-Wareneinsatz Ratio
			Vertriebliche Sondereffekte/-aktionen	Prognose auf Basis historischer Wirkungs-effekte auf die Beschaffung
			Änderung Zahlungs-konditionen Lieferanten	

Die aktuellen Auszahlungen für Ware lassen sich nahezu unmittelbar aus den offenen Posten der Warenlieferanten ableiten. Ausgehend von den Fälligkeiten können diese auf dem Zeitstrahl geclustert werden und bilden die wesentliche Grundlage der kommenden 2 Wochen.

Für die Ausgabenplanung der folgenden Wochen (kurzfristig) sollten über das OPLA der geplante monatliche Beschaffungswert verprobt werden und mit dem Anlieferungs-monitor abgeglichen werden. Der Anlieferungsmonitor, der im Einkauf erstellt werden sollte, gibt Auskunft über die Terminierung der erwarteten Lieferungen und damit der zu erwarteten Fälligkeiten aufgrund der erfolgten Anlieferung. Die PRVR kann dabei mit einer Ableitung einer Prognose aufgrund des bisherigen Anlieferungsverhaltens unterstützen. In Ausnahmesituationen, wie zum Beispiel der Störung von Lieferketten, sind die Ergebnisse nur bedingt belastbar.

Bei der Ableitung der mittelfristigen Ausgaben für Ware ist ein ganzes Bündel an Datenquellen notwendig. Zum einen die vorhandenen Lagerstände laut FIBU, ergänzt um die erwarteten Lieferungen als Ausgangspunkt, die dann ergänzt werden müssen um die Monatsplanung der OPLA und am besten noch verifiziert werden durch die aktuelle Abverkaufsplanung aus dem OPMT. Zusätzlich gilt es hier, die geplanten Einnahmen aus dem Verkauf der Ware (siehe oben) über die PRVR mit der historischen Wareneinsatzquote zu verproben. In der Handelsbranche ist dieser Zusammenhang immer dann zu beachten, wenn die aktuellen Verkaufsmengen nicht der Planung entsprechen. Ansonsten wird in der Ausgabenprognose im Falle eines verminderten Abverkaufes zu viel oder zu wenig Ware planerisch beschafft. Deshalb ist immer eine Verprobung mit den, den Einzahlungen zu Grunde liegenden Umsätzen, vorzunehmen. Aus diesem Grund muss auch die Abstimmung mit dem OPMT bezüglich vertrieblichen Sonderaktionen erfolgen, denn diese führen zwangsläufig zu einem deutlich höheren Warenabfluss als in der Planung vorgesehen. Die PRVR kann zum Teil unterstützen, wenn sich aus historischen Aktionen die entsprechenden Abverkaufseffekte ableiten lassen.

Generell ist mit dem OPMT zu überprüfen, ob sich möglicherweise die Zahlungskonditionen der Lieferanten geändert haben oder ändern werden, denn diese sind dann zwangsläufig entsprechend in der Terminierung der Warenzahlungen zu berücksichtigen.

Einzelhandel

Im Bereich des Einzelhandels dominieren zwei Ausgabenkategorien: die Vertriebsstrukturausgaben (VKS) und die Ausgaben für Logistik und Versand. Dabei ist sind die VKS von deutlich höherer Bedeutung im Vergleich zu den Logistik- und Lagerkosten.

Sektor		Ausgabe		
Handel		Einzelhandel		

Ausgabe-element	FIBU	OPLA	OPMT	PRVR
VKS-Miet-verträge	Verträge & Termine	Variable Kostenanteile	Auf-/Abbau Struktur Vertragsänderungen	Entwicklung der Mietnebenkosten
VKS-Personal	Verträge & Vereinbarungen	Personaleinsatzplanung	Auf-/Abbau Struktur Kapazitätsanpassungen	
Lager-/Logistik	Verträge & Termine	Volumenplanung Versandplanung	Vertriebliche Sondereffekte/-aktionen	Prognose auf Basis historischer Wirkungseffekte auf die Logistik
			Änderung Zahlungskonditionen Lager/Logistik	

Bei der VKS setzen sich zusammen aus den Ausgaben für Miete und Personal – die beiden wesentlichen Ausgabenkategorien und auch Erfolgskriterien im Einzelhandel.

Bei den Mietverträgen ist die Ausgabenplanung bezogen auf die Nettokaltmiete relativ eindeutig, die die bestehenden Mietverträge diese Kategorie der Höhe nach, dem Fälligkeitsdatum und der Entwicklung der Nettokaltmiete an sich (Staffelmiete) determinieren. Allerdings können die Expansion bzw. der Abbau der Verkaufsstellen (POS) diese entsprechend der Anzahl nach verändern. Deshalb ist mit dem OPMT immer auch eine Abstimmung für entsprechenden Veränderungen vorzunehmen.

Bei den Mietnebenkosten (MNK) gilt im Grundsatz die beschriebene Logik wie bei den Nettokaltmieten, allerdings ist dieses Ausgabenelement inzwischen aufgrund der Volatilität der Energiekosten zu einem variablen Ausgabenfaktor geworden – Abschlagszahlungen verändern sich permanent und Abschlussrechnungen können einige Überraschungen bergen. Abschätzung zu den MNK sind deshalb schwierig, können aber möglicherweise mit Hilfe der PRVR aus volkswirtschaftlichen Daten validiert werden.

eCommerce

Beim eCommerce sind folgende 3 Ausgabenkategorien von Bedeutung:

- Kosten für den Betrieb des WebShop, d. h. alle technischen und inhaltlichen (Content) bezogenen Leistungen, um den Webshop 365/24 h erreichbar zu halten
- Kosten für Online-Werbung/Marketing und zusätzlich alle Mailing-Aktionen von der Planung bis zum Versand
- Lager- und Logistikkosten für die Ware, hierbei insbesondere die Verpackungs- und Versandkosten

	Sektor		Ausgabe			
	Handel		eCommerce			
Ausgabe-element	FIBU		OPLA	OPMT	PRVR	
VKS-Shop-betrieb	Verträge & Termine		Kapazitätsanpassungen Variable Kostenanteile	Funktionsausbau		
VKS-Marketing/Werbung	Verträge & Termine		Aktionsplanung Umsatzplanung	Termine Jahresplan	Prognose Marketingeinsatz auf Basis Umsatzplan und historischer Wirkungsketten	
Lager-/Logistik	Verträge & Termine		Volumenplanung Versandplanung	Vertriebliche Sondereffekte/-aktionen	Prognose auf Basis historischer Wirkungs-effekte auf die Logistik	
				Änderung Zahlungs-konditionen Lager/Logistik		

Bei der Planung der Ausgaben für den Shopbetrieb ist insbesondere auf die Variabilität des Volumens zu achten, denn oftmals liegen volumenabhängige Kostenfunktionen vor, die entsprechend zu berücksichtigen sind und aus der OPLA abgeleitet werden müssen. Eine Abstimmung mit dem OPMT gibt Auskunft darüber, ob Funktionsanpassungen geplant sind (z. B. neue Zahlarten) und sind damit wichtig für die Berücksichtigung aller Zahlarten und auch entscheidende Hinweise für die Investitionsplanung.

Gerade das Online-Werbe-/Marketing-Budget ist zwar oftmals in Summe für ein Jahr in der OPLA geplant, die genaue Einsteuerung und damit der kalendarische Anfall unterliegen aber meistens den aktuellen Entwicklung im Abverkauf und der Wettbewerbssituation. Deshalb muss bei der Planung dieser Ausgabenkategorie zwingend die Abstimmung mit dem OPMT und seinen Planungen erfolgen. An dieser Stelle können auch mit Hilfe der PRVR die effektivsten Einsatzzeitpunkt des Marketingbudgets ermittelt werden.

Die Lagerplanung unterliegen in großem Maße der Volumenentwicklung und dem damit notwendigen Räumlichkeiten. Aus diesem Grund muss eine Abstimmung mit der

OPLA und dem OPMT erfolgen, um mögliche Verschiebungen zu antizipieren. Hier kann oftmals mittels der PRVR abgeleitet werden, wie sich die Lagerflächenanforderungen verändern werden. Wichtig ist es, bei der Lagerkosten nicht nur die Kosten der Fläche und Infrastruktur zu analysieren, sondern auch im Falle von variablen externen Mitarbeiterkapazitäten, diese zu planen und in der Liquiditätsplanung zu berücksichtigen.

Bei eCommerce als Versandhandel sind die Logistikosten zwangsläufig ein wesentlicher Ausgabenfaktor, der allerdings aufgrund der Variabilität des Volumens in Kombination mit einem Stückpreis relativ gut zu prognostizieren ist. Auf Basis, der bereits für die anderen Ausgabenarten ermittelten Volumenplanung, können die Logistikkosten abgeleitet werden. Änderungen könnten dabei lediglich durch Preisänderungen (Preiserhöhung oder Volumenabhängigkeit) induziert werden.

Großhandel

Ausgehend vom Geschäftsmodell des Großhandels, sind die Lager- und Logistikkosten (nach dem Wareneinkauf), die entscheidende Ausgabenkategorie. Zur Abwicklung der Aufträge sind daneben noch die Personalkosten (alle Funktionen) von Bedeutung.

Sektor		Ausgabe		
Handel		Großhandel		
Ausgabe-element	**FIBU**	**OPLA**	**OPMT**	**PRVR**
VKS-Personal	Verträge & Vereinbarungen	Personaleinsatzplanung	Kapazitätsanpassungen	
Lager-/Logistik	Verträge & Termine	Volumenplanung Versandplanung	Vertriebliche Sondereffekte/-aktionen Änderung Zahlungskonditionen Lager/Logistik	Prognose auf Basis historischer Wirkungseffekte auf die Logistik

Unter der Kategorie VKS Personal sind alle notwendigen Einsatzressourcen zur Auftragsabwicklung zu fassen, d. h. vom Verkauf bis hin zur Auslieferung an den Kunden. Damit sind auch die meistens fest angestellten Mitarbeiter im Lager und der Logistik dieser Kategorie zuzuordnen. Es kann i. d. R. davon ausgegangen werden, dass die Grundkapazität für die Abwicklung durch eigene Mitarbeiter abgedeckt wird und Kapazitätsspitzen extern dazu gekauft werden, die dann auch in die Lager-/Logistik-Kategorie fallen.

Wie beim eCommerce unterliegen Lager-/Logistik der Volumenplanung und es gelten die bereits ausgeführten Ableitungsregelungen des eCommerce. Der wesentliche Unterschied liegt in der Logistik, da dort andere Dienstleister genutzt werden. Statt B2C Paketdienste sind hier Anbieter der Kontaktlogistik im Einsatz, die die deutlich größeren Auslieferungsmengen pro Auftrag zum Kunden transportieren. Damit gelten andere Preisregularien, die mit dem OPMT verifiziert werden sollten.

6.1.2   Operativer Cashflow Produktion

Im Sektor Produktion gilt aufgrund der Definition, dass es sich um Unternehmen handelt, die aktiv ein handelbares Produkt herstellen. Somit wird die Ausgabenseite von den wesentlichen Einsatzfaktoren der Herstellung dominiert.

Auf der Einnahmenseite gibt es per Definition zum einen die Unternehmen, die vertikal integriert an den Endkunden verkaufen und zum anderen diejenigen, die ausschließlich andere Gewerbekunden beliefern, meist in Form der Zulieferung von Vorprodukten oder auch der Großhandel (siehe oben).

6.1.2.1   Einzahlungen Produktion

Für die folgenden Einnahmen-Mechanismen ist ein Verkauf der produzierten Produkte per Bestellung als Regelfall unterstellt worden.

Endkunde (B2C)

Bei den Einnahmen aus dem Verkauf an Endkunden (B2C) gelten grundsätzlich ähnliche Regeln wir Handel (siehe oben) und sollten dementsprechend auch angewendet werden, wenn der Verkauf über eine Einzelhandelsfläche oder einen eCommerce Kanal erfolgt.

	Sektor	Branche		
	Produktion	Endkunde (B2C)		
Fristigkeit	**FIBU**	**OPLA**	**OPMT**	**PRVR**
Aktuell	Endkunden OP OP-Conversion Ratio Ausfallquote Payment Provider		Auskehrrythmus Payment Provider	Prognose auf Basis historischer OP-Conversion Ratio & Ausfallquote
Kurz- und mittelfristig	Umsatz-Cash-Conversion Ratio	Monatsplanung	Auskehrrythmus Payment Provider	Prognose auf Basis historischer Umsatz-Conversion Ratio & Ausfallquote
			Vertriebliche Sondereffekte/-aktionen	historische Wirkungseffekte

Basierend auf den offenen Posten der Kreditoren sind mit Hilfe der historischen Daten aus der FIBU und der PRVR eine zeitliche Conversion Ratio der offenen Posten, sowie eine Ausfallquote der offenen Posten zu ermitteln. Über eine kalendarische Fälligkeitskaskade lassen sich dann die erwarteten Einzahlungen für die kommenden Tage ableiten. Dabei ist der zeitliche Verzug der Kontogutschrift durch den Payment Provider zu berücksichtigen.

Der Abgleich mit der OPLA für den entsprechenden Monat zeigt den noch erwarteten Umsatz für diese Periode. Diese wird dann ebenfalls über die dargestellte Umwandlungssystematik in aktuelle Einnahmen der kommenden 4 Wochen gewandelt.

Für die Kurz-/Mittelfristplanung ist wieder die OPLA der Ausgangspunkt, der mit dem OPMT auf mögliche Anpassung der Vertriebsplanung oder die Umsetzung von vertrieblichen, nicht geplante Vertriebsaktionen, abzugleichen ist.

Geschäftskunde (B2B)

Der B2B Verkauf erfolgt grundsätzlich auf der Basis einer Rechnungsstellung gefolgt von der Auslieferung und der Zahlung.

Sektor		Branche		
Produktion		Geschäftskunde (B2B)		
Fristigkeit	**FIBU**	**OPLA**	**OPMT**	**PRVR**
Aktuell	Kreditoren OP nach Fälligkeit OP-Conversion Ratio	geplanter Monatsumsatz als Delta Größe	Akutes Ausfallrisiko Kunden	Prognose auf Basis historischer OP-Conversion Ratio & Ausfallquote
Kurz- und mittelfristig	Umsatz-Cash-Conversion Ratio	Produktionsplanung	Anpassung Produktionsplanung Absatzplanung	Prognose auf Basis historischer Umsatz-Conversion Ratio & Ausfallquote
			Änderung Zahlungs-konditionen Kunden	
			Vertriebliche Sondereffekte/-aktionen	historische Wirkungseffekte

Damit sind die kreditorischen Offenen Posten (OP) der Ausgangspunkt der Prognose der kommenden Tage. In Kombination mit der erwarteten Ausfallquote und der zeitlichen Conversion Ratio (PRVR basiert) lässt sich der Einnahmenfluss in kalendarische Zahlungen überführen.

Kurz- und mittelfristig bildet die OPLA mit ihrer Produktionsplanung die Plattform der Prognose. Das OPMT sollte zusätzlich Auskunft darüber geben, ob die zu Grunde liegende Absatzplanung noch valide ist, sowie über mögliche Änderungen der Konditionen oder auch über vertriebliche Sonderaktionen.

6.1.2.2 Auszahlungen Produktion

Bei den Auszahlungen erfolgt eine Differenzierung in die wesentlichen Ausgabekategorien bei der Produktion.

Rohstoff-/Material

Unter dieser Kategorie sind alle Ausgaben für Zukäufe von Rohstoffen und Material subsummiert.

Sektor		Ausgabe			
Produktion		Rohstoff-/Material			
Fristigkeit	**FIBU**	**OPLA**	**OPMT**	**PRVR**	
Aktuell	Debitoren OP nach Fälligkeit				
Kurzfristig	Debitoren OP nach Fälligkeit	Produktionsplanung Lagerbestände geplanter monatlicher Beschaffungswert	Produktionsmonitor Anlieferungsmonitor	Prognose Anliefertermine	
Mittelfristig	Differenzierte Lagerbestände Konditionen Lieferanten	Monatsplanung: Produktionsplanung Lagerbestände Bestellplanung	Geplanter Output Fertigprodukte	Prognose auf Basis historischer Output-Materialeinsatz Quoten	
			Vertriebliche Sondereffekte/-aktionen	Prognose auf Basis historischer Wirkungs-effekte auf die Beschaffung	
			Änderung Zahlungs-konditionen Lieferanten		

Die aktuellen Auszahlungen lassen sich ausgehend von den Debitoren-OPs aus der FIBU planungssicher über die Fälligkeit ableiten. Änderungen ergeben sich nur, wenn aktiv eine Zahlung aus dem Zahlungslauf verschoben wird, die dann allerdings umgehend auf den neuen Zieltermin gesetzt werden muss.

Bei der kurzfristigen Sichtweise wird die Basis der Herleitung deutlich breiter. Neben den Debitoren-OPs nach Fälligkeitsdatum als ein Baustein, ist die Produktionsplanung ein weiteres zentrales Element. In Kombination mit den vorhandenen Lagerbeständen lässt sich der Verbrauch an Rohstoffen und Material ableiten, der dann mit dem Stand der aktuellen Bestellungen im Sinne der Anlieferung (aus dem OPMT) zu verifizieren ist. Gegebenenfalls kann die PRVR mit einer Anlieferungsprognose an diese Stelle hilfreich sein. Aus diesen beiden Datenpunkten können dann die kommenden kurzfristigen Ausgaben prognostiziert werden.

Einen noch höheren Stellenwert bekommt die Produktionsplanung bei der mittelfristigen Planung, da sie in Kombination mit der Monatsplanung aus der OPLA die zukünftige Produktionsmenge determiniert. Hier müssen dann die FIBU basierten Bestände an Materialien, sowie an Fertig- und Halbfertigprodukten in der Prognose mitberücksichtigt werden. Daneben gilt es, mit dem Vertrieb des OPMT abzustimmen, ob noch mit Sondereffekten in der Absatzplanung zu rechnen ist, die die geplante Produktionsmenge nochmals verändern würden.

Am besten erfolgt die integrierte Herleitung der mittelfristigen Produktionsmenge gemeinsam mit dem Produktionsmanagement (als Teil des OPMT), um so eine sichere Prognose zu erstellen. Auf Basis dieser kann dann in Kombination mit der historischen Output-Materialeinsatzquote der PRVR die zu beschaffende Menge an Rohstoffen/Materialien abgeleitet werden. Im Endeffekt handelt es sich um ein komplettes Update der Produktionsplanung.

Abschließend sollte noch eine Abstimmung mit dem Einkauf im Hinblick auf die zeitliche Terminierung der Bestellungen, der Lieferungen und Fälligkeit der Ausgaben erfolgen.

Bezogene Leistungen

Bei den bezogenen Leistungen handelt es sich um Leistungen, die von Dritten zur Verfügung gestellt werden und kontinuierlich im Produktionsprozess verbraucht werden und nur bedingt lagerfähig sind. Beispiele dafür sind z. B. Strom, Gas und Wasser. Insbesondere bei energieintensiven Produktionen, wie z. B. der Metallerstellung oder der Herstellung von chemischen Fasern, spielen diese Ausgaben eine signifikante Rolle bei den Ausgaben.

Sektor		Ausgabe		
Produktion		Bezogene Leistungen		
Fristigkeit	**FIBU**	**OPLA**	**OPMT**	**PRVR**
Aktuell	Debitoren OP nach Fälligkeit			
Kurzfristig	Debitoren OP nach Fälligkeit	Produktionsplanung geplanter monatlicher Beschaffungswert	Produktionsmonitor Verbrauchsmonitor	Prognose auf Basis historischer Output-Verbrauchsquoten
Mittelfristig	Konditionen Lieferanten	Monatsplanung: Produktionsplanung Bestellplanung	Geplanter Output Fertigprodukte	Prognose auf Basis historischer Output-Verbrauchsquoten
			Vertriebliche Sondereffekte/-aktionen	Prognose auf Basis historischer Wirkungseffekte auf die Beschaffung
			Änderung Zahlungskonditionen Lieferanten	

Im Kern folgt die Planung dieser Ausgaben den Ausführungen bei der Rohstoff-/Materialplanung bezogen auf alle Fristigkeiten.

Die Produktionsplanung muss auch für diese Ausgabenprognose der bezogenen Leistungen einmal komplett aktualisiert werden, um dann auf Basis der historischen Output-Verbrauchsquoten der PRVR die notwendigen Einkaufsmengen kalendarisch zu bestimmen.

Wichtig ist dabei zu beachten, dass die Verbrauchsabrechnung und damit auch die Rechnungstellung und Fälligkeiten sehr kontinuierlich erfolgen. Die Lieferanten diese Leistungen sind bestrebt, das Obligo auf ihrer Seite nicht zu hoch werden zu lassen. Möglicherweise sind auch Abschlagszahlungen vereinbart, die in den Konditionen der Lieferanten (FIBU oder OPLA) abgebildet sind und deren Aktualität zu prüfen ist. Die Auszahlungen setzen sich dann zusammen aus der Abschlagszahlung des aktuellen Monats und dem Mehr-/Minderverbrauch des Vormonats.

Als eine Besonderheit bei den bezogenen Leistungen kann es zusätzlich sein, dass Vorauszahlungen geleistet werden müssen, weshalb zu prüfen ist, ob diese bereits gezahlt wurden oder ob eine Erhöhung der Vorauszahlung erfolgen könnte (OPLA).

Personal

Als Personalausgaben sind alle Ausgaben gemeint, die im Zusammenhang mit der zur Verfügungstellung von Personalressourcen anfallen. Damit fällt ausdrücklich jegliches Fremdpersonal, auf welcher vertraglichen Basis auch immer (ANÜ, freie Mitarbeiter, Auftragsarbeiten), in diese Ausgabenkategorie.

Sektor		Ausgabe		
Produktion		Personal		
Ausgabe-element	**FIBU**	**OPLA**	**OPMT**	**PRVR**
Eigen-personal	Verträge & Vereinbarungen variable Vergütung	Produktionsplanung Personaleinsatzplanung	Auf-/Abbau Struktur Kapazitätsanpassungen	Prognose auf Basis historischer Personal-einsatzquoten
Fremd-personal	Verträge	Produktionsplanung Personalkapazitäts-planung	Kapazitätsanpassungen	
			Änderung Zahlungs-konditionen Personal-dienstleister	

In eine Fristigkeit ist bei der Personalausgaben nicht zu differenzieren, da diese zeitlich fix auf einen bestimmten Termin im Monat terminiert sind.

Zwangsläufig ist wieder die aktualisierte Produktionsplanung die Basis für die Planung der Personalausgaben. Über die Funktion des Personaleinsatzquote (aus der PRVR) ergibt sich die notwendige Kapazität. Nach Abzug des Eigenpersonals verbleibt der Teil, der durch Fremdpersonal abzudecken ist.

Für das Eigenpersonal sind die vertraglichen Regelungen (Individualvertrag, Haustarif, Tarifvertrag) die Basis der Ermittlung der zu erwartenden Personalausgaben (Lohn/Gehalt, Sozial-/Rentenversicherung, Lohnsteuer). Hier sollte in Zusammenarbeit mit der Personalabteilung (als Teil des OPMT) ein Berechnungsmodus für eine Prognose erarbeitet werden.

Beim Fremdpersonal gelten die jeweiligen Vergütungsregelungen als Ausgangspunkt, die kombiniert mit der Inanspruchnahme, die zu erwartenden Ausgaben herleitbar machen. Grundsätzlich gelten für die kalendarische Terminierung dieser Ausgaben die normalen Mechanismen des Fremdeinkaufes (Rechnung, Debitoren-OP, Zahlungslauf).

6.1.3   Operativer Cashflow Dienstleistung

Im Sektor Dienstleistung ist der operative Cashflow der Sache auf den ersten Blick relativ problemlos zu ermitteln, aber aufgrund der Unsicherheit der Einnahmen mit besonderer Vorsicht zu planen. Die Projektplanungen sind der Schlüssel zur Liquiditätsprognose und damit Kernelement für die folgende Darstellung der Einnahmen- und Ausgabenplanung.

6.1.3.1 Einnahmen Dienstleistung

Die Einnahmen der Branche Leistung und Gewerke bestehen aus den Zeitabrechnungen und der Weiterberechnung von Einsatzfaktoren (Material und technische Hilfsmittel).

Leistung

Die Leistungsabrechnung basiert auf der verursachungsgerechten Erfassung und Zurechnung der eingesetzten Leistungseinheiten.

Sektor		Branche		
Dienstleistung		Leistung		

Fristigkeit	FIBU	OPLA	OPMT	PRVR
Aktuell	Kreditoren OP nach Fälligkeit OP-Conversion Ratio	geplanter Monatsumsatz als Delta Größe	Akgueller Stand Projektplanung	Prognose auf Basis historischer OP-Conversion Ratio
Kurz- und mittelfristig	Umsatz-Cash-Conversion Ratio	Monatsplanung	Änderung Zahlungs-konditionen Kunden	Prognose auf Basis historischer Umsatz-Conversion Ratio
	Projekbezogene Kostenrechnung	Projektplanung	Sonderleistungen	

Die aktuellen Einzahlungen basieren auf den kreditorischen OP zur Prognose der kommenden Tage. In Kombination mit der erwarteten Ausfallquote und der zeitlichen Conversion Ratio (PRVR basiert) lässt sich der Einnahmenfluss in kalendarische Zahlungen überführen. Über die OPLA ist zu prüfen, ob noch nicht abgerechnete Leistungen, die über den vereinbarten Auftrag hinaus gehen, noch offen sind und damit umgehend nachverrechnet werden müssen.

Für die zukünftigen kalendarischen Einnahmen ist die Projektplanung der OPLA von entscheidender Bedeutung. Dabei muss davon ausgegangen werden, dass es im Dienstleistungsunternehmen ein funktional umfassendes System zur Projektplanung gibt, sodass die erbrachten Leistungen verursachungsgerecht und damit projekt- und kundenbezogen erfasst, zugeordnet und abgerechnet werden.

Für die Prognose der Einnahmen erfolgt ein Update der Projektplanung mit dem OPMT, insbesondere zum Stand und geplanten Fortschritt innerhalb der einzelnen Projekte. Auf dieser Basis können die kommenden Leistungsabrechnungen antizipiert werden und dann über die Mechanismen der Rechnungsstellung, Fälligkeit und Zahlungsterminierung kalendarisch eingeordnet werden.

Ein immer wieder wichtiges Element der Einnahmenplanung sind die erbrachten Sonderleistungen, die gegebenenfalls außerhalb des definierten Projektauftrages liegen. Es ist unbedingt notwendig, diese mit dem OPMT zu prüfen und die Rechnungsstellung und damit auch eine Einnahmengenerierung zu initiieren.

Gewerke
Auch die Leistungsabrechnung basiert auf der verursachungsgerechten Erfassung und Zurechnung der eingesetzten Leistungseinheiten, ist aber auf der Einnahmenseite abhängt von den vereinbarten Fortschrittszahlungen oder dem Fertigstellungszeitpunkt mit einer Gesamt- oder Abschlusszahlung.

	Sektor	Branche		
	Dienstleistung	Gewerke		
Fristigkeit	**FIBU**	**OPLA**	**OPMT**	**PRVR**
Aktuell	Kreditoren OP nach Fälligkeit OP-Conversion Ratio Abschläge	geplanter Monatsfortschritt als Delta Größe	Akgueller Stand Projektplanung	Prognose auf Basis historischer OP-Conversion Ratio
Kurz- und mittelfristig	Umsatz-Cash-Conversion Ratio	Monatsplanung Projektfortschritt Abschlagsplanung	Sonderleistungen	Prognose auf Basis historischer Umsatz-Conversion Ratio
			Änderung Zahlungskonditionen Kunden	

Die aktuellen Einzahlungen basieren auf den kreditorischen OP zur Prognose der kommenden Tage. In Kombination mit der erwarteten Ausfallquote und der zeitlichen Conversion Ratio (PRVR basiert) lässt sich der Einnahmenfluss in kalendarische Zahlungen überführen.

Im Bereich der Kurz- und Mittelfristplanung liegt das Augenmerk auf den vereinbarten Zahlungsbedingungen der jeweiligen Projekte (Gewerke). In der Regel bestehen die Zahlungen aus Abschlagszahlungen (möglicherweise abhängig von der Erreichung von Milestones) und einer Abschlussrechnung nach Fertigstellung des Gewerkes.

Von daher ist die Projektplanung bzw. der Status des Projektfortschrittes das wichtigste Element der mittelfristigen Einnahmenplanung. Gemeinsam mit dem OPMT muss kontinuierlich ein Abgleich der Planung der OPLA erfolgen und entsprechend eine Nachsteuerung bei zeitlichen Veränderungen erfolgen.

Nachdem die Projektplanung aktualisiert worden ist und die Projektfortschritte determiniert sind, muss die Umwandlung in zu erwartenden Rechnungsstellungen erfolgen. Dabei müssen die vereinbarten Konditionen (FIBU) mit den Projektfortschritten gematched und die Rechnungsvolumina ermittelt werden. Auf dieser Basis kann dann die Ableitung der Fristigkeit und Einnahmengenerierung kalendarisch bestimmt werden.

Auch bei den Gewerken ist die Abrechnung von Sonderleistungen immer ein kritischer Punkt, der durch den Liquiditätsplaner gemeinsam mit dem OPMT permanent gemonitort werden muss.

Weiterbelastung
Wie bereits erwähnt sind, bei entsprechenden Gewerken (wie z. B. Bau oder Werkzeugbau) die Weiterbelastungen von Material und technischen Hilfsmitteln ein wesentlicher Teil der Einnahmen. Dabei ist zu beachten, dass auch eigene technische Hilfsmittel in dieser Kategorie berücksichtigt werden sollten. Hierzu sollte in den vertraglichen Regelungen (aus der FIBU) des jeweiligen Auftrages eine entsprechende Regelung bzw. ein Abrechnungswert hinterlegt sein.

Sektor		Branche		
Dienstleistung		Weiterbelastung		
Element	**FIBU**	**OPLA**	**OPMT**	**PRVR**
Material Technische Hilfsmittel	Projekbezogene Kostenrechnung	Projektplanung	Verbauchsplanung	Prognose auf Basis historischer Einsatzquoten

Wesentlicher Ausgangspunkt für diese Abrechnung ist die projektbezogene Kostenrechnung der FIBU. Sie bildet die Basis für die Weiterbelastung und in ihr sollten alle abrechnungsrelevanten Mechanismen (wie z. B. Verrechnungssätze, Margen, Zuschläge) hinterlegt sein. Gemeinsam mit dem OPMT ist auf Basis der Ist-Daten eine Prognose in Abstimmung mit der aktualisierten Projektplanung über das Volumen der Rechnungsstellung für Materialien und technischen Hilfsmittel mittels einer Verbrauchsplanung durchzuführen. Für die Planung zukünftiger Projekte kann die PRVR auf Basis historischer Einsatzquoten die Grundlage für diese Abrechnungsgröße liefern.

Für die kalendarische Terminierung der Rechnungsstellung und damit der Einnahmengenerierung gelten die oben genannten Regeln für die Leistungs- bzw. Gewerkabrechnungen.

6.1.3.2 Auszahlungen Dienstleistung
Die Ausgaben der Branche Leistung und Gewerke bestehen dem Charakter nach aus den Personalausgaben und gegebenenfalls den weiteren Einsatzfaktoren (Material und technische Hilfsmittel).

Personal
Als Personalausgaben sind alle Ausgaben definiert, die im Zusammenhang mit der zur Bereitstellung von Personalressourcen anfallen. Damit fällt ausdrücklich jegliches Fremd-

personal, auf welcher vertraglichen Basis auch immer (ANÜ, freie Mitarbeiter, Auftrags-arbeiten), in diese Ausgabenkategorie.

Sektor		Ausgabe	
Dienstleistung		Personal	

Ausgabe-element	FIBU	OPLA	OPMT	PRVR
Eigen-personal	Verträge & Vereinbarungen variable Vegütung	Projektplanung Personaleinsatzplanung	Auf-/Abbau Struktur Kapazitätsanpassungen	Prognose auf Basis historischer Personal-einsatzquoten
Fremd-personal	Verträge	Projektplanung Personalkapazitäts-planung	Kapazitätsanpassungen	
			Änderung Zahlungs-konditionen Personal-dienstleister	

In eine Fristigkeit ist bei der Personalausgaben nicht zu differenzieren, da diese zeitlich fix auf einen bestimmten Termin im Monat terminiert sind.

Die aktualisierte Projektplanung ist die Basis für die Planung der Personalausgaben. Über die Funktion des Personaleinsatzquote (ermittelt mit Hilfe der PRVR) ergibt sich die notwendige Kapazität. Nach Abzug des Eigenpersonals verbleibt der Teil, der durch Fremdpersonal abzudecken ist.

Für das Eigenpersonal sind die vertraglichen Regelungen (Individualvertrag, Haustarif, Tarifvertrag) die Basis der Ermittlung der zu erwartenden Personalausgaben (Lohn/Ge-halt, Sozial-/Rentenversicherung, Lohnsteuer). Aufgrund der festen vertraglichen Verein-barungen sind daneben lediglich mögliche Bonuszahlungen für eine erfolgreiche Projekt-abwicklung zu berücksichtigen. Die Personalausgaben sind zeitlich terminiert und damit auch kalendarisch eindeutig festzulegen.

Beim Fremdpersonal gelten die jeweiligen Vergütungsregelungen als Ausgangspunkt, die kombiniert mit der Inanspruchnahme, die zu erwartenden Ausgaben herleitbar ma-chen. Grundsätzlich gelten für die kalendarische Terminierung dieser Ausgaben die nor-malen Mechanismen des Fremdeinkaufes (Rechnung, Debitoren-OP, Zahlungslauf).

Material

Für alle Branchenunternehmen, bei denen neben dem Personaleinsatz auch Materialien für die Leistungserbringung notwendig sind, müssen diese projektbezogen geplant werden.

Sektor		Ausgabe			
Dienstleistung		Material			
Fristigkeit	**FIBU**	**OPLA**	**OPMT**	**PRVR**
Aktuell	Debitoren OP nach Fälligkeit			
Kurzfristig	Debitoren OP nach Fälligkeit	geplanter montlicher Beschaffungswert	Anlieferungsmonitor	Prognose Anliefertermine
Mittelfristig	Differenzierte Lagerbestände Konditionen Lieferanten	Projektplanung Bestellplanung	Projektfortschritts-planung	
			Änderung Zahlungs-konditionen Lieferanten	

Die aktuellen Auszahlungen für Materialien basieren auf den debitorischen OP zur Prognose der kommenden Tage. In Kombination mit der geplanten Zahlungsläufen lässt sich der Ausgabenfluss in kalendarische Zahlungen überführen.

Kurzfristig muss der Debitoren OP Basiswert, um die erwarteten Anlieferungen des OPMT und damit Rechnungsstellungen erweitert werden. Zusätzlich bildet der geplante Beschaffungswert der OPLA die Leitplanken für die Prognose.

Bei der Mittelfristplanung müssen die Bestände an Materialien (aus der FIBU) mitberücksichtigt werden und sind mit der Bestellplanung (aus der OPLA) zu kombinieren. Auch bei den Materialien ist die Projektplanung mit dem Fortschrittsstatus und der Fortschrittsplanung der Ankerpunkt für die Prognose der Beschaffungsvolumina, die dann mit den Beständen und den ausstehenden Anlieferungen die neu zu beschaffenden Materialen ermittelbar macht. Auf Basis der Bestellerfahrungen des OPMT und der zeitlich geplanten Projektfortschritte können die Beschaffungsvolumina auf eine Zeitschiene gebracht werden. Damit ist die kalendarische Zuordnung der Materialausgaben der Höhe und dem Zeitpunkt nach determiniert.

Technische Hilfsmittel

Als technische Hilfsmittel (THM) sind aus Sicht der Ausgabenplanung nur jene zu betrachten, die als Fremdleistung eingekauft werden. Im Falle des Einsatzes von eigenen THM sind diese, im Falle einer Neu- oder Zusatzbeschaffung, im Rahmen der Investitionsplanung zu planen und diese Beschaffungsausgaben sind dann relevant für die Liquiditätsplanung.

	Sektor		Ausgabe	
	Dienstleistung		Technische Hilfsmittel	
Fristigkeit	FIBU	OPLA	OPMT	PRVR
Aktuell	Debitoren OP nach Fälligkeit			
Kurzfristig	Debitoren OP nach Fälligkeit	Monatliche Einsatzplanung	Einsatzmonitor	Prognose auf Basis historischer fremder THM- Einsatzquoten
Mittelfristig		Projektplanung Mietplanung	Projekteinsatzplanung THM	
			Änderung Zahlungs-konditionen Verleiher	

Die aktuellen Auszahlungen basieren auf den debitorischen OP zur Prognose der kommenden Tage. In Kombination mit der geplanten Zahlungsläufen lässt sich der Ausgabenfluss in kalendarische Zahlungen überführen.

Für die Kurzfristplanung sind die Einsatzplanung (aus der OPLA) und der aktuelle Einsatzmonitor (aus dem OPMT) die entscheidenden Planungsparameter. In dieser Kombination kann die Nutzung der THM, und damit die folgende Abrechnung der Verleiher, antizipiert werden.

Aus mittelfristiger Sicht ist die Projektplanung mit dem korrespondierenden Einsatzplan der THM die Plattform für die Auszahlungsprognose. Die Projekte mit der Einsatzplanung der kommenden Wochen und Monate geben Aufschluss über den Bedarf und die Deckung durch eigene THM bzw. Fremdmittel. Auf dieser Basis können die erwarteten Nutzungszeiten und damit Nutzungsentgelte abgeleitet werden und es gelten für die kalendarische Terminierung dieser Ausgaben die normalen Mechanismen des Fremdeinkaufes (Rechnung, Debitoren-OP, Zahlungslauf).

6.1.4 Branchenunabhängige Auszahlungen

Neben den genannten Ausgabekategorien in der branchespezifischen Herleitung der Ausgaben, verbleiben noch die folgenden operativen Ausgaben:

- Reise/Kfz
- IT/Kommunikation
- Versicherung/Beiträge
- Beratung
- Verwaltung
- Sonstiges

Für alle diese Ausgaben gilt ein gleichartiges Vorgehen. Die FIBU mit den historischen Ist-Daten und die OPLA bilden die Basis für die Prognose. Die bestehenden Verträge sollten in Kombination mit dem OPMT über erwartete Einzelbeauftragungen die Grundlage bilden.

Wichtig für den Liquiditätsplanung ist der zeitliche Anfall der Ausgaben, die in einer OPLA Kostenplanung in der Regel aus betriebswirtschaftlichen Gründen mit nahezu gleichen Monatswerten geplant sind. Hier gilt es diese so weit als möglich in eine ausgabengerechte kalendarische Planung zu bringen. Ausgangspunkt dafür sind die historischen FIBU-Daten als Zeitreihe, die aufzeigen wann der tatsächliche Ausgabezeitpunkt ist. Beispielhaft seien hier die Versicherungsbeiträge genannt, die entweder einmal jährlich oder quartalsweise anfallen und so die Liquidität überproportional beanspruchen werden.

6.2   Planung des investiven Cashflows

Der investive Cashflow basiert grundsätzlich auf dem Investitionsplan des Unternehmens, der allerdings für die Liquiditätsplanung von der betriebswirtschaftlichen Jahres-/Monatsplanung in eine Zeitpunktplanung umgewandelt werden muss. Aktivierungszeitpunkte und Abschreibungsregeln spielen in der Liquiditätsplanung keine Rolle, einzig und allein der Auszahlungszeitpunkt von Teil- oder Gesamtrechnungen ist entscheidend. Deshalb muss bei allen Investitionen das Thema Zahlungskonditionen durch den Liquiditätsplaner mit dem OPMT geklärt werden.

Auch beim investiven Cashflow ist eine Betrachtungsweise getrennt nach den Sektoren sinnvoll, da die zu berücksichtigenden investiven Elemente sich deutlich unterscheiden.

6.2.1   Investitionen Handel

Der Handelssektor ist investiv geprägt vom Auf- und Ausbau der Verkaufspunkte und der Logistik.

Sektor Handel				
Branche	FIBU	OPLA	OPMT	PRVR
Einzelhandel	Anlagenspiegel	POS Planung Ladenbau Investitionen	Aktueller Stand POS Struktur Ladenbaukonzept	
eCommerce	Anlagenspiegel	Shopinvestitionen Logistikinvestitionen	Aktualisierung	Prognose der Volumenentwicklung
Großhandel	Anlagenspiegel	Logistikinvestitionen	Aktualisierung	Prognose der Volumenentwicklung

Im **Einzelhandel** ist die Expansions- bzw. Umbauplanung der Point of Sales (POS) aus der OPLA und der OPMT die Kerngröße der Investitionen. Dazu sind bei der Liquiditätsplanung die folgenden kalendarischen Pläne wichtig für die Herleitung der Auszahlungszeitpunkte:

- POS Roll-Out
- POS Umbau/Erneuerung
- Ladenbaukonzept nach finanziellem Umfang und Finanzierung

Zur POS-Erneuerung gehören auch alle möglicherweise geplanten technischen Erneuerungen wie z. B. neue Kassensysteme, neue LAN Anbindung, Payment Provider Endgeräte.

Beim **eCommerce** stellt der funktionale Entwicklungsplan für den Shop (OPLA und OPMT) die entscheidende Grundlage dar, denn diese führt zu entsprechenden Software- und Hardwareinvestitionen. Hier ist die Absprache mit dem OPMT außerordentlich wichtig, da gerade der zeitliche Anfall in Abhängigkeit vom Fortschritt der Realisierungsprojekte in der Realität oft nicht mit dem Plan übereinstimmt. An zweiter Stelle beim eCommerce sind die Investitionen in die logistische Abwicklung der Bestellungen von hoher Relevanz, da sowohl Software- als auch Lagerinvestitionen in der Regel einen erheblichen Umfang haben. Zusätzlich sollten die mit der Implementierung einhergehenden Berateraufwendungen in die Planung aufgenommen werden. Wie bei den Shop Investitionen muss auch für diese Auszahlungskategorie eine enge Abstimmung mit dem OPMT zur Terminierung erfolgen.

Beim **Großhandel** liegt der Fokus auf den Investitionen für die Logistik zur Auslieferung an die Einzelhandelspartner. Grundsätzlich gelten dieselben Regeln wie bei den Logistikinvestitionen im eCommerce. Wichtig an dieser Stelle nochmals der Hinweis, dass Logistikinvestitionen immer auch die korrespondierenden Soft- und Hardwareinvestitionen inkludieren.

6.2.2   Investitionen Produktion

Der Produktionssektor ist geprägt von Investitionen in die Anlagen des Unternehmens. Deshalb sind Anlagenspiegel, Investitions- und Produktionsplanung die wesentlichen Grundlagen der Ausgabenplanung.

Sektor Produktion			
Element	**FIBU**	**OPLA**	**OPMT**	**PRVR**
Maschinelle Infrastruktur	Anlagenspiegel	Investitionsplanung	Aktualisierung	Prognose der Nutzungsdauer
		Produktionsplanung	Aktualisierung	Prognose der Produktionsauslastung

Der Anlagenspiegel gibt die aktuelle technische Infrastruktur wieder und bildet die Grundlage für die Planung. In Kombination mit der Investitionsplanung wird deutlich wo und wann Investitionen getätigt werden und in Absprache mit der OPMT sollten auch die Zahlungsbedingungen abgestimmt werden.

Der Produktionsplan des OPLA bildet eine Prüfgröße für die Liquiditätsplaner im Sinne der Verprobung von Produktionsmengen und infrastruktureller Kapazität. Deshalb sollte immer ein intensiver Austausch mit dem OPMT dazu erfolgen. Gerade mögliche expansive Planung des Vertriebs gegenüber der Ursprungsplanung müssen sich in einer angepassten Investitionsplanung wiederfinden.

Um sich unvorhergesehenen finanziellen Belastungen zu vermeiden, muss der Liquiditätsplaner auch die Nutzungsdauer der Anlagen kritisch überprüfen und mit dem Investitionsplan verproben. Nichts wäre bei einer angespannten Liquiditätslage schlimmer als die plötzliche Notwendigkeit einer ungeplanten Ersatzinvestition.

6.2.3 Investitionen Dienstleistung

Beim Dienstleistungssektor hat der investive Cashflow in der Regel eine geringe Relevanz, da das Geschäftsmodell auf der Erbringung von Leistung des Human Capitals liegt.

Sektor			
Dienstleistung			
Element	**FIBU**	**OPLA**	**OPMT**	**PRVR**
Technische Hilfsmittel	Anlagenspiegel	Investitionsplanung	Projekteinsatzplanung	Prognose der Nutzungsdauer
		Planung Fremdanlagen Austausch	Einsatzmonitor	Prognose der Auslastung

Trotzdem sind die technischen Hilfsmittel durchaus von Bedeutung für die Liquiditätsplanung, insbesondere im Baugewerbe und im Handwerk.

Planerisch folgen die Investitionen in die technischen Hilfsmittel dem Vorgehen bei den Investitionen im Sektor Produktion, wenn auch meistens mit geringerem finanziellem Ausmaß. Allerdings ist beim Einsatz von Fremd- und Eigenanlagen das Zusammenspiel gesondert zu betrachten (siehe dazu: Ausgaben – Technische Hilfsmittel – Dienstleistung).

6.3 Planung des steuerlichen Cashflow

Der steuerliche Cashflow ist dem Grunde unkompliziert, in der Wirkung auf die Liquidität hingegen äußerst wichtig, da erhebliche Zahlungen fest und nicht verschiebbar zu einem bestimmten Zeitpunkt fällig sind. Zu diesen muss dann die notwendige Liquidität gegeben sein, um nicht in einen steuerlichen Verzug zu geraten.

6.3.1   Umsatzsteuer

Aus der Praxis hat sich bewährt, die Umsatzsteuer, im Sinne der zu leistenden Vorauszahlung, auf Basis der Liquiditätsplanung in einem einfachen Verfahren im Liquiditätsmodell direkt zu ermitteln.

Die jeweils einem Monat zugehörigen Ein- und Auszahlungen aller Cashflows sind nach ihrer umsatzsteuerlichen Relevanz zu clustern und gegeneinander aufzurechnen. Aufgrund der Bruttobetrachtung der Liquiditätsplanung ist die Herleitung unproblematisch, allerdings ist bei innereuropäischen Einzahlungen die in der Regel bestehende Vorsteuerbefreiung von Waren- und Dienstleistungen zu beachten. In Abhängigkeit von der Vorauszahlungsterminen ist dann der sich ergebende Saldo entsprechend für den 10. jedes Monats einzuplanen.

6.3.2   Gewerbesteuer/Ertragssteuer

Bei der überwiegenden Anzahl an Unternehmen besteht von Seiten der Finanzbehörden eine Gewerbesteuervorauszahlungsplicht, determiniert über den entsprechenden Bescheid des Vorjahres, der der FIBU vorliegt. Diese Vorauszahlungen sind damit zum angegebenen Zeitpunkt in der Liquiditätsplanung zu berücksichtigen.

Für die erwartete Gewerbesteuerzahlung des abgelaufenen Geschäftsjahres lässt sich aus der OPLA auf Basis der Ergebniserwartung und des geltenden Gewerbesteuerhebesatzes eine Abschätzung ableiten und nach Aufrechnung mit den Vorauszahlungen ermitteln und zum erwarteten Stichtag nach Feststellung des Jahresabschlusses einplanen. Da diese finale Auszahlung nachschüssig erfolgt, kann bei einer Planung für die kommenden 12 Monate die Gewerbesteuererwartung auf Basis des Jahresabschlusses des Vorjahres (FIBU) angewendet werden.

Dem Grunde nach folgt die Planung der Ertragssteuer der der Gewerbesteuer, sodass die gleichen Mechanismen anzuwenden sind.

6.4   Planung des Cashflows Finanzierung

Der finanzielle Cashflow ist grundsätzlich aus Liquiditätssicht gut planbar, da alle Elemente der Zuführungen und Aus-/Rückzahlungen durch entsprechende vertragliche Vereinbarungen unterlegt sind.

6.4.1   Finanzielle Zuführungen

Die finanziellen Zuführungen erhöhen die Liquiditätsbasis und setzen sich aus folgenden Formen zusammen und sind jeweils durch entsprechende Unterlagen der FIBU zeitlich zu terminieren.

- Eigenkapitalerhöhungen – Gesellschafterbeschlüsse
- Aufnahme neuer Kredite/Darlehen – Kredit-/Darlehensverträge
- Erhalt von Förderungen – Förderbescheide

Wichtig ist dabei, aus den zugrundeliegenden Verträgen abzuleiten, wann und in welcher Höhe die Mittel dem Unternehmen zufließen und damit in der Liquiditätsplanung entsprechend positiv wirken.

Wenn die Liquiditätsplanung einen negativen Liquiditätssaldo ausweißt, muss von Seiten der Liquiditätsplanung eine Initierung einer Zuführung an finanziellen Mittel erfolgen – mit zeitlichem und der Höhe nach abgeleiteten Volumen.

6.4.2   Finanzielle Aus-/Rückzahlungen

Wie bei den finanziellen Zuführungen sind auch die Aus-/Rückzahlungen durch vertragliche Grundlagen terminiert.

- Entnahmen/Ausschüttungen – Gesellschafterbeschlüsse
- Zinsen & Tilgung – Kredit-/Darlehensverträge
- Rückzahlung von Förderungen – Förderbescheide

Alle diese Elemente sind eindeutig dem Zeitpunkt und der Höhe nach determiniert.

Eine Rückführung von finanziellen Mitteln kann nur erfolgen, wenn die Liquidität dies auch zulässt. Ansonsten muss aus Sicht der Liquiditätsplanung eine Prolongation oder Aussetzung der Rückführung initiiert werden.

6.5   Zusammenfassende Darstellung

Unter Berücksichtigung der dargestellten Detaillierungen der Planung der einzelnen Cashflows der Liquiditätsplanung ergibt sich die im Folgenden dargestellte zusammenfassend generalistische Grundstruktur. Diese muss durch den Planer entsprechend der Branchen und Sektorenzuordnung des Unternehmens und möglicher Sonderthemen (z. B. außerordentliche Lagerverkäufe als Einnahmenkategorie oder ein spezifischer Lieferantenausweis bei den Auszahlungen) angepasst werden.

Übersicht

Liquiditätsplanung

Liquidität zum Anfang der Periode

   Operativer Cashflow
   Investiver Cashflow
   Steuerlicher Cashflow
   Cashflow Finanzierung

Cash Saldo

Liquidität zum Ende der Periode

Operativer Cashflow

Operativer Cash In

   Einnahmen Verkäufe Geschäftsmodell
   Sondereinnahmen (Lagerverkauf, Verkauf Anlagevermögen)
   Sonstige Einnahmen (Kantine, Vermietung nicht betriebsnotwendiger Güter)

Operativer Cash Out

   RHB Einkauf (Optional: Aufteilung in Roh-/Hilfs-/Betriebsstoffe)
   Materialeinkauf
   Wareneinkauf (Optional: Aufteilung in Produktkategorien)
   Bezogene Leistungen
   Miete/Leasing Technische Hilfsmittel

   Logistik (Optional: Aufteilung in Versand/Verpackung/Transport)
   Lager (Optional: Aufteilung in Lagerstruktur/Bereitstellung Bestellungen)

   Personal (Optional: Aufteilung in LuG/SV/LohnSt)

   Mieten
   Mietnebenkosten

   Reise/Kfz
   IT/Telekommunikation
   Versicherung/Beiträge
   Beratung
   Verwaltung
   Sonstige Kosten

Investiver Cashflow

   Maschinelle Infrastruktur
   Technische Hilfsmittel
   Geschäftsausstattung (POS)
   Logistik/Lager
   Software/Hardware

Steuerlicher Cashflow

   Umsatzsteuer
   Gewerbesteuer
   Ertragssteuer

Finanzieller Cashflow

   Eigenkapital
     Zuführung
     Entnahmen/Ausschüttungen
   Kredit/Darlehen
     Aufnahme
     Zinsen/Tilgung
     Rückführung
   Förderungen
     Erhalt
     Rückzahlung

Liquiditätsmodell

7

Im Folgenden erfolgt eine Darstellung des Aufbaues, der Strukturierung und Steuerung eines Liquiditätsmodells aus der Praxis.

7.1   Modellapplikation

Oftmals herrscht die Meinung in Unternehmen, dass das ERP-System die Liquiditätsplanung automatisiert übernehmen kann. Die gemachten Ausführungen zum inhaltlichen Zusammenspiel der verschiedenen Grundlagen für eine Liquiditätsplanung (FIBU, OPLA, OPMT und PRVR) haben deutlich gemacht, dass diese Annahme für eine fundierte und belastbare Liquiditätsplanung nicht gilt, sondern erst aus der intellektuellen Verknüpfung der verschiedenen Planungselementen und der Interaktion mit dem Management eine solche entstehen kann. Deshalb ist der Aufbau eine Liquiditätsplanung auf Basis eines eigenen Tools notwendig, in dem alle Planungen und Erkenntnisse zusammenfließen.

Best Practise dafür ist heutzutage Microsoft Excel, das über eine entsprechende Verbreitung verfügt und dessen Anwendung in den Finanzbereichen der Unternehmen geübte Praxis ist.

Daneben ist zu erwähnen, dass auch andere Tools (wie zum Beispiel Lucanet, Agicap, tidely, Commitly) einsetzbar sind, die bereits die Grundstruktur einer Liquiditätsplanung enthalten und den Unternehmensanforderungen entsprechend zu konfigurieren sind.

T. Schmidt, *Liquiditätsplanung*, https://doi.org/10.1007/978-3-658-42388-9_7

7.2   Modellstruktur

Wie bereits erwähnt basiert eine belastbare Liquiditätsplanung immer auf einer Tagesbasis, da nur so die Anforderung der Sicherung einer ausreichenden Unternehmensliquidität zu jedem Zeitpunkt innerhalb der kommenden Wochen und Monate gesichert werden kann.

Die Tagesplanung wird in ihren Werten gespeist aus den zugrundliegenden Daten, um die das Planungstool, in Abhängigkeit von der Wichtigkeit der jeweiligen Planungsgröße, erweitert wird.

Die Zusammenführung der Liquidität nach Kalenderwochen und Monaten, sowie grafische Darstellungen, basieren alle auf der Tagesplanung und enthalten in sich selbst keine eigenen Berechnungen.

Die im Anhang dargestellt Case Study visualisiert diese Struktur und macht den Zusammenhang zwischen den Planungselementen nochmals deutlich.

7.3   Kalendarischer Allokationsalgorithmus

Das entscheidende Ziel bei der Liquiditätsplanung ist die Einnahmen und Ausgaben auf den relevanten Fälligkeitstag zu allokieren. Aus diesem Grund muss im ersten Schritt die kalendarische Strukturierung erfolgen.

Dazu ist der zu planende Zeitraum (i. d. R. sind 12 Monate zu empfehlen) als Kalender im Modell zu hinterlegen.

Die folgende Tabelle zeigt eine entsprechende Datumsstruktur.

Datum	Tag	Tag	KW	Mo	Jahr	Jahr_KW	Mo_Jahr
02.01.23	Montag	02	01	1	2023	2023_01	1_2023
03.01.23	Dienstag	03	01	1	2023	2023_01	1_2023
04.01.23	Mittwoch	04	01	1	2023	2023_01	1_2023
05.01.23	Donnerstag	05	01	1	2023	2023_01	1_2023
06.01.23	Freitag	06	01	1	2023	2023_01	1_2023
07.01.23	Samstag	07	01	1	2023	2023_01	1_2023
08.01.23	Sonntag	08	01	1	2023	2023_01	1_2023
09.01.23	Montag	09	02	1	2023	2023_02	1_2023
10.01.23	Dienstag	10	02	1	2023	2023_02	1_2023
11.01.23	Mittwoch	11	02	1	2023	2023_02	1_2023
12.01.23	Donnerstag	12	02	1	2023	2023_02	1_2023
13.01.23	Freitag	13	02	1	2023	2023_02	1_2023
14.01.23	Samstag	14	02	1	2023	2023_02	1_2023
15.01.23	Sonntag	15	02	1	2023	2023_02	1_2023
16.01.23	Montag	16	03	1	2023	2023_03	1_2023
17.01.23	Dienstag	17	03	1	2023	2023_03	1_2023
18.01.23	Mittwoch	18	03	1	2023	2023_03	1_2023
19.01.23	Donnerstag	19	03	1	2023	2023_03	1_2023
20.01.23	Freitag	20	03	1	2023	2023_03	1_2023
21.01.23	Samstag	21	03	1	2023	2023_03	1_2023
22.01.23	Sonntag	22	03	1	2023	2023_03	1_2023
23.01.23	Montag	23	04	1	2023	2023_04	1_2023
24.01.23	Dienstag	24	04	1	2023	2023_04	1_2023
25.01.23	Mittwoch	25	04	1	2023	2023_04	1_2023
26.01.23	Donnerstag	26	04	1	2023	2023_04	1_2023
27.01.23	Freitag	27	04	1	2023	2023_04	1_2023
28.01.23	Samstag	28	04	1	2023	2023_04	1_2023
29.01.23	Sonntag	29	04	1	2023	2023_04	1_2023
30.01.23	Montag	30	05	1	2023	2023_05	1_2023
31.01.23	Dienstag	31	05	1	2023	2023_05	1_2023

Aus dem Kalender werden folgende Steuerungsfelder generiert:

- Umsetzung numerische Tagesangabe (Tag)
- Zuordnung zur Kalenderwoche (KW)
- Zuordnung zum Jahr (Jahr)
- Monat als numerischer Wert (Mo)
- Kombination Jahr und KW (Jahr_KW)
- Kombination Monat und Jahr (Jahr_Mo)

Die Kombination mit dem Kalenderjahr ist eigentlich nur bei einer jahresübergreifenden Planung notwendig, sollte aber grundsätzlich genutzt werden, um die Zukunftsfähigkeit des Modells sicherzustellen.

Diese Struktur bildet umgesetzt in die Vertikale die Steuerungsleiste für die Tagesplanung.

Tagesplanung												
Datum	02.01.23	03.01.23	04.01.23	05.01.23	06.01.23	07.01.23	08.01.23	09.01.23	10.01.23	11.01.23	12.01.23	13.01.23
Wochentag	Montag	Dienstag	Mittwoch	Donnerstag	Freitag	Samstag	Sonntag	Montag	Dienstag	Mittwoch	Donnerstag	Freitag
Tag	02	03	04	05	06	07	08	09	10	11	12	13
KW	01	01	01	01	01	01	01	02	02	02	02	02
Jahr	2023	2023	2023	2023	2023	2023	2023	2023	2023	2023	2023	2023
Monat	01	01	01	01	01	01	01	01	01	01	01	01
KW_Jahr	2023_01	2023_01	2023_01	2023_01	2023_01	2023_01	2023_01	2023_02	2023_02	2023_02	2023_02	2023_02
Mo_Jahr	1_2023	1_2023	1_2023	1_2023	1_2023	1_2023	1_2023	1_2023	1_2023	1_2023	1_2023	1_2023
Zahltag	2	0	0	0	0	1	1	2	0	0	0	0

Dabei sollten die Wochenendtage unbedingt bestehen bleiben, da bei der Steuerung der Fälligkeitstage (z. B. Umsatzsteuer am 10. eines Monats), diese vorhanden sein müssen, um die Zahlung auf die kommende Woche zu steuern. Da aber an Wochenenden keine Zahlungen kontowirksam erfolgen, ist eine weitere Steuerungszeile hinzuzufügen – Zahltag. Diese Kennung induziert, das an diesen beiden Tagen nicht gezahlt wird, aber am darauffolgenden Montag die Zahlung zu leisten ist. Die jeweilige 1 verhindert eine Zahlung an diesem Tag, die 2 führt zur Nachholung der Zahlung am folgenden Montag.

Über die Zeile KW lassen sich alle Zahlungen der Kalenderwoche summieren, über die Zeile Monat gleichlautend die Zahlungen im Monat.

7.4   Tagessteuerung

Die kalendarische Steuerungsleiste bildet auch die Grundlage für die Einsteuerung von Einnahmen und Ausgaben auf vordefinierte Tage.

Bei der Einnahmenplanung z. B. auf Grundlage einer abgeleiteten Tagesverteilung oder der Debitorenauswertung, bei den Ausgaben durch vertraglich fixierte Zahltage (z. B. Mietzahlungen) oder auch im Unternehmen festgelegten Tagen für den Zahlungslauf.

Im folgenden Beispiel sind die Steuerungselemente die Auszahlungen für Versand und Miete dargestellt.

Versand					
Zahltag(e)		7	14	21	28
Anteiligkeit	%	50,0 %	0,0 %	50,0 %	0,0 %

Miete		
Zahltag(e)		2
Anteiligkeit	%	100,0 %

Bei den Auszahlungen für Versand ist mit dem Dienstleister eine Zahlung jeweils zu 7. und 21. eines Monats vereinbart. Planerisch wurde angenommen, dass die erwarteten Auszahlungen sich auf die beidem Zahltage aufteilen.

Bei der Miete ist vertraglich der 2. eines Monats als Zahltag festgeschrieben werden, an dem der Gesamtbetrag fällig ist.

Tagesplanung						02.01.23	03.01.23	04.01.23	05.01.23	06.01.23	07.01.23	08.01.23	09.01.23	10.01.23	11.01.23	12.01.23	13.01.23	14.01.23	15.01.23
Datum						02.01.23	03.01.23	04.01.23	05.01.23	06.01.23	07.01.23	08.01.23	09.01.23	10.01.23	11.01.23	12.01.23	13.01.23	14.01.23	15.01.23
Wochentag						Montag	Dienstag	Mittwoch	Donnerstag	Freitag	Samstag	Sonntag	Montag	Dienstag	Mittwoch	Donnerstag	Freitag	Samstag	Sonntag
Tag						02	03	04	05	06	07	08	09	10	11	12	13	14	15
KW						01	01	01	01	01	01	01	02	02	02	02	02	02	02
Jahr						2023	2023	2023	2023	2023	2023	2023	2023	2023	2023	2023	2023	2023	2023
Monat						01	01	01	01	01	01	01	01	01	01	01	01	01	01
KW_Jahr						2023_01	2023_01	2023_01	2023_01	2023_01	2023_01	2023_01	2023_02	2023_02	2023_02	2023_02	2023_02	2023_02	2023_02
Mo_Jahr						1_2023	1_2023	1_2023	1_2023	1_2023	1_2023	1_2023	1_2023	1_2023	1_2023	1_2023	1_2023	1_2023	1_2023
Zahltag						2	0	0	0	0	1	1	2	0	0	0	0	1	1
Versand	TEUR					0	0	0	0	0	0	0	81	0	0	0	0	0	0
Zahltag(e)		7	14	21	28	0	0	0	0	0	81	0	0	0	0	0	0	0	0
Anteiligkeit	%	50 %	0 %	50 %	0 %														
Miete	TEUR					60	0	0	0	0	0	0	0	0	0	0	0	0	0
Zahltag(e)		2				60	0	0	0	0	0	0	0	0	0	0	0	0	0
Anteiligkeit	%	100 %																	

Am Beispiel ist zu sehen, dass eine Aufteilung der Auszahlungen für den Versand, die als Wert aus der Auszahlungsplanung gezogen werden (hier EUR 162k pro Monat), erfolgt und dass diese Zahlung auf den Montag der folgenden Woche verschoben wird. Deshalb sind für alle Ein- und Auszahlungen 2 Zeilen zu modellieren – eine für die Verteilung entsprechend des festgelegten Algorithmus und eine für die Steuerung auf den Zahltag. Die Miete wird auf den 2. des Monats gesetzt und wird an diesem Tag dann auch zahlungswirksam, da es sich um einen Banktag handelt.

7.5 Ermittlung der Basisgrößen für Ein- und Auszahlungen

Für die Einsteuerung in die Tagesplanung müssen alle relevanten Ein- und Auszahlungsgrößen auf eine Tagesbasis allokiert werden.

Beispielhaft werden im Folgenden die Einnahmen eines Einzelhändlers und die eines Produzenten dargestellt.

Einzelhandel

Aus der FIBU erfolgt die Erhebung der historischen Einzahlungen der Filialen des Einzelhändlers, wobei zu beachten ist, dass es zu einer Verschiebung der Wochentage kommt.

IST 2021		01.07.21	02.07.21	03.07.21	04.07.21	05.07.21	06.07.21	07.07.21	08.07.21	09.07.21	10.07.21	11.07.21	12.07.21	13.07.21	14.07.21	15.07.21
KW_Jahr Datum		Donnerstag	Freitag	Samstag	Sonntag	Montag	Dienstag	Mittwoch	Donnerstag	Freitag	Samstag	Sonntag	Montag	Dienstag	Mittwoch	Donnerstag
IST Bruttoumsatz	TEUR	41.713	42.708	57.886	0	41.565	33.473	39.417	29.596	38.340	54.018	0	35.087	36.376	35.473	37.946

PROGNOSE 2022		01.07.22	02.07.22	03.07.22	04.07.22	05.07.22	06.07.22	07.07.22	08.07.22	09.07.22	10.07.22	11.07.22	12.07.22	13.07.22	14.07.22	15.07.22
KW_Jahr Datum		Freitag	Samstag	Sonntag	Montag	Dienstag	Mittwoch	Donnerstag	Freitag	Samstag	Sonntag	Montag	Dienstag	Mittwoch	Donnerstag	Freitag
PLAN Bruttoumsatz	TEUR	42.708	57.886	0	41.565	33.473	39.417	29.596	38.340	54.018	0	35.087	36.376	35.473	37.946	37.456
Tagesverteilung	%	3,79 %	5,14 %	0,00 %	3,69 %	2,97 %	3,50 %	2,63 %	3,41 %	4,80 %	0,00 %	3,12 %	3,23 %	3,15 %	3,37 %	3,33 %

Deshalb werden in einem ersten Schritt die historischen Werte wochentags genau dem neuen Planungskalender zugeordnet und daraus die Verteilung im Monat pro Wochentag abgeleitet. Der Planer muss zusätzlich darauf achten, wie und wann sich die Feiertage verschoben haben und entsprechende händische Anpassungen vornehmen und die Einnahmen verschieben. Diese Verteilung, die für alle Tage des Jahres vorzunehmen ist, bildet dann die Grundlage für die Tagesplanung.

Der Basiswert der Einzahlungen pro Monat leitet sich aus der OPLA ab. Aus dieser werden die Monatsumsätze dann in Bruttoeinzahlungen des Monats umgewandelt. Es obliegt dem Planer zu entscheiden, ob der geplante Umsatz auch tatsächlich den zu erwartenden Einzahlungen des Monats entspricht, oder ob noch eine Verschiebung von z. B. einer Woche vorgenommen werden muss, da die geplanten Umsätze erst mit einem Verzug von diesem Zeitraum zahlungswirksam werden (siehe zur inhaltlichen Planung die Kapitel Einnahmen Operativer Cashflow).

Produktion

Auf Basis der Debitoren OP werden die Einzahlungen nach Fälligkeiten auf die Tagesleiste transferiert und es wird die erste Grundlage für die Einnahmenprognose geschaffen.

Debitoren OP					01.07.23	02.07.23	03.07.23	04.07.23	05.07.23	06.07.23	07.07.23	08.07.23	09.07.23	10.07.23	11.07.23	12.07.23	13.07.23	14.07.23	15.07.23
Datum					07	07	07	07	07	07	07	07	07	07	07	07	07	07	07
Monat																			
Tag					01	02	03	04	05	06	07	08	09	10	11	12	13	14	15
EINNAHMEN	EUR			513,84	240	0	0	0	0	0	150	0	4	120	0	0	0	0	0
600248 Kunde A																			
62112009 30.03.2023	EUR	6.556,55	07.07.23	6,56	0	0	0	0	0	0	7	0	0	0	0	0	0	0	0
600249 Kunde B																			
62112025 13.04.2023	EUR	3.739,12	09.07.23	3,74	0	0	0	0	0	0	0	0	4	0	0	0	0	0	0
62112051 08.05.2023	EUR	143.422,41	07.07.23	143,42	0	0	0	0	0	0	143	0	0	0	0	0	0	0	0
601126 Kunde C																			
62112074 22.05.2023	EUR	120.235,54	01.07.23	120,24	120	0	0	0	0	0	0	0	0	0	0	0	0	0	0
62112075 22.05.2023	EUR	120.203,52	01.07.23	120,20	120	0	0	0	0	0	0	0	0	0	0	0	0	0	0
62112089 31.05.2023	EUR	119.681,05	10.07.23	119,68	0	0	0	0	0	0	0	0	0	120	0	0	0	0	0

Im nächsten Schritt erfolgt der Abgleich der Monatssumme mit dem erwarteten Umsatz der OPLA. Es ist davon auszugehen, dass über die ersten 2 Planwochen hinaus die Debitorenwert nicht ausreichen, den Umsatz zu unterlegen. Deshalb muss der Planer zum einen die vorhandene Bestellliste auswerten und zum anderen im Abgleich mit der OPLA-Erwartung den offenen Betrag händisch dazu planen. Für die Monate t + 3 gelten die OPLA-Werte als Grundlage und sind nach der Wandlung in Bruttoumsätze auf die Kalenderwochen auf Basis zu verteilen.

Auf der Ausgabenseite ist insbesondere die Herleitung der Beschaffungskosten auf Tagesbasis eine der schwierigsten Aufgaben. Deshalb im Folgenden dazu ein Beispiel aus dem Einzelhandelsbereich.

Wareneinkauf

Die OPLA ist in der Regel nach dem Umsatzkostenverfahren ermittelt worden, wodurch sie zwar den Verbrauch verursachungsgerecht darstellt, aber nur sehr bedingt den Wareneinkauf reflektiert.

Aus diesem Grund muss die Planung der Beschaffungskosten auf Basis

- der Warenlieferanten kreditorischen OPs
- des Bestellobligo und Anlieferungsmonitor

erfolgen. Für die Umsetzung der Warenlieferanten OPs können die dargestellten Mechanismen zu den Einnahmen im Produktionsbereich angewendet werden, d. h. Überführung der Fälligkeiten auf die Tagesleiste.

Ausgehend vom Bestellobligo in Kombination mit dem Anlieferungsmonitor können die Fälligkeiten abgeleitet werden.

Bestellobligo					
		Volumen	Bestelldatum	Anlieferung 20 Tage	Fälligkeit 30 Tage
Lieferant A					
Bestellung 4715	EUR	8.556,32	07.07.23	27.07.23	26.08.23
		Volumen	Bestelldatum	Anlieferung 20 Tage	Fälligkeit 14 Tage
Lieferant B					
Bestellung 4728	EUR	5.632,10	01.07.23	21.07.23	04.08.23
Bestellung 4985	EUR	25.842,32	15.07.23	04.08.23	18.08.23
		Volumen	Bestelldatum	Anlieferung 30 Tage	Fälligkeit 7 Tage
Lieferant C					
Bestellung 4924	EUR	265.320,33	15.07.23	14.08.23	21.08.23
Bestellung 4822	EUR	69.352,10	12.07.23	11.08.23	18.08.23
Bestellung 4901	EUR	87.542,55	07.07.23	06.08.23	13.08.23

Die Parameter Anlieferung und Fälligkeit hängen jeweils von den Zahlungsvereinbarungen mit dem Lieferanten und der festgelegten Lieferlogistik ab.

Für die Planung über den kurzfristigen Zeitraum hinaus hat es sich bewährt, die historische Wareneinkaufsquote auf die geplanten Einzahlungen (nicht Umsätze) anzuwenden.

Rollierende Planung

8

Eine reine Planung der Liquidität ist hilfreich, um mögliche Engpässe zu erkennen und Gegenmaßnahmen einzuleiten. Dies stellt aber nur eine Seite der finanziellen Sichtweise dar, denn erst mit einem permanenten Update der Planung durch Ist-Werte entfaltet die Liquiditätsplanung ihre volle Wirkung. Bekanntermaßen entwickelt sich die Realität immer anders als eine Planung, wodurch entsprechende Unwuchten in der Liquiditätsprognose entstehen können – zum Guten wie zum Schlechten.

Der Liquiditätsplaner muss daher mindestens einmal wöchentlich oder im Falle einer risikobehafteten Situation sogar täglich, ein Update der Planung mit den Ist-Werten durchführen. Im Falle eine Liquiditätsplanung im Rahmen eines Insolvenzverfahrenes ist dies keine Option, sondern ein Muss.

Auf Basis der Kontoauszüge und der Daten aus der FIBU erfolgt eine Übertragung der Daten in das Liquiditätsmodell für den abgelaufenen Tag oder die abgelaufene Woche. Danach kommt die entscheidende Aufgabe für den Liquiditätsplaner: Anpassung der Prognose in die Zukunft. Das heißt, der Planer muss die erwarteten, aber nicht realisierten Ein- und Auszahlungen neu bewerten und auf der Zeitleiste entsprechend seiner Erwartung, und am besten in Absprache mit dem OPMT, neu terminieren.

Beispiel: Erwarteter Wareneinkauf von EUR 235 am 3. des Monats hat im tatsächlichen Zahllauf am 3. nur mit EUR 201k stattgefunden. Das Delta von EUR 34k ist damit offen und zu klären. Entweder wurde eine Zahlung verschoben oder die finale Rechnung liegt unter der erwarteten Auszahlungsverpflichtung. Der Planer muss diesen Umstand klären und entscheiden, ob dieser Betrag an einem der kommenden Tage gezahlt werden muss oder die Reduktion nachhaltig und damit nicht weiter zu berücksichtigen ist. Zusätzlich ist die Frage zu klären, ob der dann geringere Wareneinsatz nicht zu Mindereinnahmen führen könnte.

Auf der Einzahlungsseite muss der Planer mit der FIBU und dem OPMT abstimmen, ob die erwarteten Umsätze und damit Einzahlungen so erfolgen werden. Es macht keinen

T. Schmidt, *Liquiditätsplanung*, https://doi.org/10.1007/978-3-658-42388-9_8

Sinn, Planwerte einfach fortzuschrieben mit dem Wissen, dass in den letzten 2–4 Wochen die Einzahlungen immer unter der Prognose gelegen haben. Es muss dann eine entsprechende Anpassung des erwarteten Monats- oder Wochenwertes vorgenommen werden.

Des Weiteren muss zu diesem Zeitpunkt eine Abstimmung mit dem OPMT über den kommenden Zahllauf erfolgen, um diesen dann entsprechend einzuplanen und liquiditätswirksam auszuweisen.

Diese Vorgehensweise gilt für alle Positionen der Liquiditätsplanung und führt im Ergebnis zu einem komplett neuen Forecast für die kommenden Tage oder Wochen.

Aus der praktischen Erfahrung heraus haben besondere folgende Vorfälle einen nachhaltigen Einfluss auf die Liquiditätsplanung:

- bei einem Produktionsunternehmen kommt ein ungeplanter Großauftrag, das Working Capital steigt aufgrund der Einkaufsnotwendigkeiten deutlich an und muss vorfinanziert werden
- ein Debitor mit erheblichen finanziellen Volumen kommt in wirtschaftliche Schwierigkeiten und benötigt eine Prolongation seiner Fälligkeiten oder im schlimmsten Falle entsteht ein zeitlicher längerer Ausfall der Einzahlungen
- aufgrund der wirtschaftlich schwierigen Lage des Unternehmens verlangen die Lieferanten Vorkasse statt Zahlungsziele

Eine Liquiditätsplanung ist damit immer eine sich ständig ändernde Prognose, die wochen- oder tagesaktuell Aufschluss über den Liquiditätsstatus des Unternehmens gibt und als Steuerungstool für ein zukunftssicheres unternehmerisches Handeln unabdingbar ist.

ANHANG: Case Study – Einzelhandel

Um die dargestellten Strukturierungen und Mechanismen der Liquiditätsplanung an einem Beispiel zu visualisieren, erfolgt im Folgenden eine Darstellung der Modellstrukturen.

Unternehmensdarstellung

Es handelt sich um ein Einzelhandelsunternehmen mit 17 Filialen und einer Anbindung an einen Online Marktplatz XXX zur Verbreiterung der Distribution. Alle Filialen sind angemietet und werden durch eigenes Personal betrieben. Der Wareneinkauf erfolgt zentral und wird direkt an die Filialen geliefert. Investitionen in die POS-Struktur sind für die kommenden 12 Monate nicht geplant, ebenso sind Schließungen ausgeschlossen worden.

Ziel ist es, eine Liquiditätsplanung für die kommenden 12 Monate zu modellieren.

© Der/die Herausgeber bzw. der/die Autor(en), exklusiv lizenziert an Springer Fachmedien Wiesbaden GmbH, ein Teil von Springer Nature 2023
T. Schmidt, *Liquiditätsplanung*, https://doi.org/10.1007/978-3-658-42388-9

Modellstruktur

Da es sich um die Branche Einzelhandel handelt, sind die Einnahmenprognose und der Wareneinkauf von entscheidender Bedeutung, da sie mit der größten Unsicherheit behaftet sind.

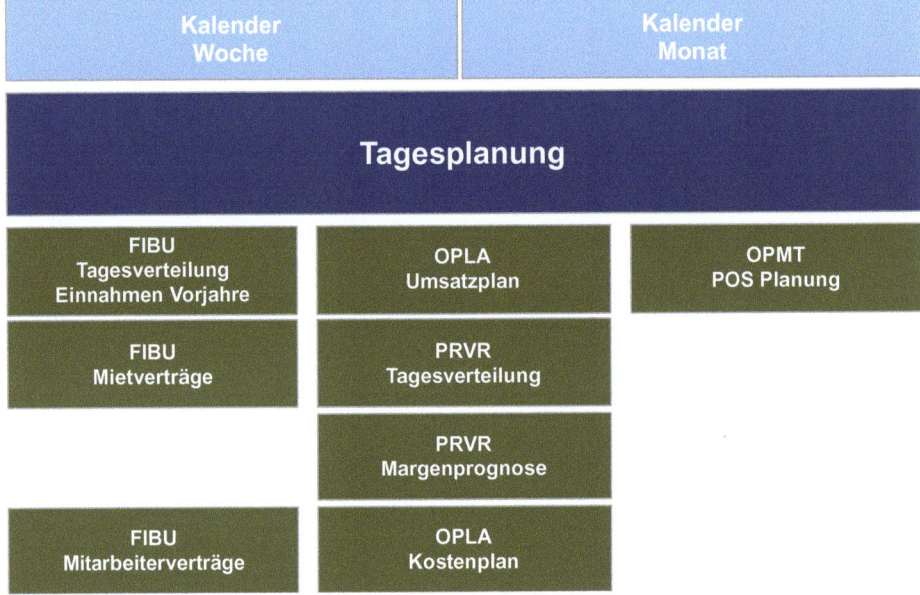

Den Kern des Modells bildet die Tagesplanung, die die Grundlage für die Kalenderwochen und Monatssicht bildet.

EZH GmbH

Tagesplanung

	Unit					10.07.23	11.07.23	12.07.23	13.07.23	14.07.23	15.07.23	16.07.23	
Datum						10.07.23	11.07.23	12.07.23	13.07.23	14.07.23	15.07.23	16.07.23	
Wochentag						Montag	Dienstag	Mittwoch	Donnerstag	Freitag	Samstag	Sonntag	**Steuerungs-**
Tag						10	11	12	13	14	15	16	**leiste**
KW						28	28	28	28	28	28	28	
Jahr						2023	2023	2023	2023	2023	2023	2023	
Monat						07	07	07	07	07	07	07	
KW_Jahr						2023_28	2023_28	2023_28	2023_28	2023_28	2023_28	2023_28	
Mo_Jahr						7_2023	7_2023	7_2023	7_2023	7_2023	7_2023	7_2023	
Zahltag						2	0	0	0	0	1	1	
	Unit												
Liquidität zum Anfang der Periode	TEUR					368	372	399	337	378	321	321	**Zusammen-**
Operative Einnahmen	TEUR					+99	+58	+89	+41	+56	+0	+0	**fassung**
Operative Ausgaben	TEUR					-21	0	-152	0	-112	0	0	
Steuerlicher Cashflow	TEUR					-74	0	0	0	0	0	0	
Investitver Cashflow						0	0	0	0	0	0	0	
Finanzieller Cashflow	TEUR					0	0	0	0	0	0	0	
Cash Saldo	TEUR					+4	+58	-63	+41	-56	+0	+0	
Liquidität zum Ende der Periode	TEUR					372	399	337	378	321	321	321	
OPERATIVE EINNAHMEN	TEUR					99	58	89	41	56	0	0	
Brutto-Filialeinzahlungen	TEUR					99	58	89	41	41	0	0	**Tagesgenau**
Umsatzverteilung	%		tagesgenau			7,42%	4,32%	6,66%	3,05%	3,06%	0,00%	0,00%	
Brutto-Online Markt Platz XXX	TEUR					0	0	0	0	15	0	0	**Auskehr-**
Zahltag(e)		5	14	21	28	0	0	0	0	15	0	0	**rythmus**
Anteiligkeit	%	10%	15%	40%	35%								
OPERATIVE AUSGABEN	TEUR					21	0	152	0	112	0	0	
Brutto-Wareneinkauf	TEUR					0	0	0	0	112	0	0	
Zahltag(e)		5	14	21	28	0	0	0	0	112	0	0	**WE-Quote**
Anteiligkeit	TEUR	10,0%	15,0%	40,0%	35,0%								
Gehälter	TEUR					0	0	0	0	0	0	0	
Zahltag(e)		27				0	0	0	0	0	0	0	
Anteiligkeit	%	75,0%											
Sozialversicherung	TEUR					0	0	0	0	0	0	0	
Zahltag(e)		25				0	0	0	0	0	0	0	**OPLA**
Anteiligkeit	%	18,5%											
Lohnsteuer	TEUR					21	0	0	0	0	0	0	
Zahltag(e)		10				21	0	0	0	0	0	0	
Anteiligkeit	%	6,5%											
Miete	TEUR					0	0	136	0	0	0	0	
Zahltag(e)		12				0	0	136	0	0	0	0	
Anteiligkeit	%	100,0%											**FIBU**
Mietnebenkosten	TEUR					0	0	13	0	0	0	0	
Zahltag(e)		20				0	0	13	0	0	0	0	
Anteiligkeit	%	100,0%											
Lieferkosten	TEUR					0	0	2	0	0	0	0	
Zahltag(e)		20				0	0	2	0	0	0	0	**FIBU**
Anteiligkeit	%	100,0%											
Sonstige Kosten	TEUR					0	0	0	0	0	0	0	
Zahltag(e)		15	25			0	0	0	0	0	25	0	**OPLA**
Anteiligkeit	%	50,0%	50,0%										
STEUERN	TEUR					74	0	0	0	0	0	0	
													Berechnung
Umsatzsteuer	TEUR					74	0	0	0	0	0	0	
Zahltag(e)		10				74	0	0	0	0	0	0	
Anteiligkeit	%	100,0%											
INVESTITIONEN	TEUR					0	0	0	0	0	0	0	
FINANZEN	TEUR					0	0	0	0	0	0	0	

Im Ergebnis ist eine tagesgenaue Liquidität ablesbar und wird im Rahmen der rollierenden Planung entsprechend auf Basis der täglichen Kontoauszüge und Buchungslisten aktualisiert.

Auf Basis der Tagesplanung leitet sich die Übersicht nach Kalenderwochen ab:

EZH GmbH
Liquiditätsplanung
KW 23

	UNIT	KW 23	KW 24	KW 25	KW 26	KW 27	KW 28	KW 29	KW 30	KW 31	KW 32	KW 33	KW 34	KW 35	KW 36	KW 37	KW 38	KW 39
		05.06.23	12.06.23	19.06.23	26.06.23	03.07.23	10.07.23	17.07.23	24.07.23	31.07.23	07.08.23	14.08.23	21.08.23	28.08.23	04.09.23	11.09.23	18.09.23	25.09.23
		11.06.23	18.06.23	25.06.23	02.07.23	09.07.23	16.07.23	23.07.23	30.07.23	06.08.23	13.08.23	20.08.23	27.08.23	03.09.23	10.09.23	17.09.23	24.09.23	01.10.23
Liquidität zum Anfang der Periode	TEUR	260	290	285	379	170	368	321	260	62	402	625	612	481	272	452	433	165
Operative Einnahmen	TEUR	+199	+262	+389	+404	+272	+342	+383	+387	+340	+349	+315	+371	+318	+254	+320	+415	+398
Operative Ausgaben	TEUR	-169	-136	-295	-612	-75	-284	-414	-585	+0	-103	-299	-502	-527	-74	-306	-383	-582
Steuerlicher Cashflow	TEUR	+0	-101	+0	+0	+0	-74	+0	+0	+0	-23	+0	+0	+0	+0	-33	+0	+0
Finanzieller Cashflow	TEUR	+0	-30	+0	+0	+0	-30	+0	+0	+0	+0	-30	+0	+0	+0	+0	-300	+0
Cash Saldo	TEUR	+30	-5	+94	-208	+198	-47	-61	-198	+340	+223	-14	-131	-209	+180	-19	-268	-184
Liquidität zum Ende der Periode	TEUR	290	285	379	170	368	321	260	62	402	625	612	481	272	452	433	165	-18

Wichtig für eine Außendarstellung ist es, diese im Sinne der Liquiditätsvorauschau für das Unternehmen auf einen Zeitraum von 13 Wochen zu definieren (siehe dazu Kap. 2). Um mögliche Liquiditätsengpässe einfacher zu identifizieren und zu kommunizieren, sollte zusätzlich immer auch eine Darstellung in Grafikform vorgenommen werden:

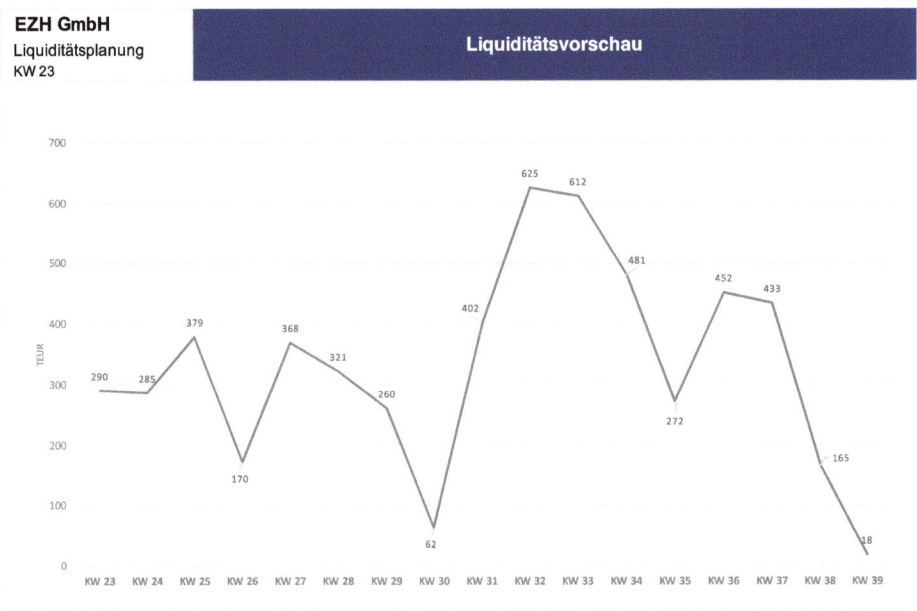

Zur Prüfung der mittelfristigen Liquidität und dem Nachweis einer positiven Fortführung, sowie der grundsätzlichen Darstellung der Liquiditätslage im Unternehmen, folgt die Darstellung in einer Monatssichtweise:

EZH GmbH
Liquiditätsplanung
KW 23

	UNIT	MAI IST	JUN PLAN	JUL PLAN	AUG PLAN	SEP PLAN	OKT PLAN	NOV PLAN	DEZ PLAN
Liquidität zum Anfang der Periode	T EUR	94	176	170	142	240	-18	200	190
Operative Einnahmen	T EUR	+1.138	+1.335	+1.434	+1.581	+1.419	+1.777	+1.607	+1.497
Operative Ausgaben	T EUR	-1.007	-1.210	-1.358	-1.431	-1.345	-1.535	-1.573	-1.524
Steuerlicher Cashflow	T EUR	-34	-101	-74	-23	-33	-23	-44	-10
Finanzieller Cashflow	T EUR	-15	-30	-30	-30	-300	+0	+0	+0
Cash Saldo	T EUR	+82	-6	-28	+98	-258	+219	-10	-37
Liquidität zum Ende der Periode	T EUR	176	170	142	240	-18	200	190	153

Am Beispielfall lässt sich aus der Praxis die Notwendigkeit einer rollierenden Planung nachweisen. Bei Vergleich der Planung aus der KW 08 im Vergleich zum Ist, zeigt sich für den gewählten Zeitraum KW 09 bis KW 25 der entstandene Unterschied bei der Entwicklung der Liquiditätslage.

Bei der Analyse der Differenzen hat sich herausgestellt, dass die Wareneinsatzquote in der Planung deutlich zu hoch geplant wurde und die Umsatzerwartungen nicht erfüllt wurden. In der Konsequenz sind in den aktuellen Planungen beide Werte neu justiert worden, womit die Liquiditätsprognose valider geworden ist. Im Fortlauf der rollierenden Planung haben sich konsequenterweise die Abweichungen Ist zu Plan deutlich reduziert und die Liquiditätsplanung hat nachhaltig an Qualität gewonnen.

MIX
Papier aus verantwortungsvollen Quellen
Paper from responsible sources
FSC® C105338

If you have any concerns about our products,
you can contact us on
ProductSafety@springernature.com

In case Publisher is established outside the EU,
the EU authorized representative is:
Springer Nature Customer Service Center GmbH
Europaplatz 3, 69115 Heidelberg, Germany

Printed by Libri Plureos GmbH
in Hamburg, Germany